AF452214

Comment glorifier

les Morts pour la Patrie ?

AURILLAC. — IMPRIMERIE MODERNE.

JEAN AJALBERT

Comment glorifier les Morts pour la Patrie ?

OPINIONS

MM. A. Besnard, R. Boylesve, H. Bergson, J.-E. Blanche, F. Brunot.
C. Chenu, Ch.-M. Couyba, G. Courteline, R. Coolus, A. Chevrillon,
P. Doumer, David-Mennet. P. Decourcelle, P. Escudier, A. Faivre,
Grunebaum-Ballin, M. Guillemot, G. Geffroy, E. Grosclaude,
Henri-Robert, Herriot, A. Hermant, L. Hennique, F. Jourdain,
Le Goffic, Mirman, A. Millerand, F. Masson, A. Muzet,
S. Pozzi, P. de Nolhac, J. Peladan, J. Psichari, E. Perrier,
J.-H. Rosny aîné, Rachilde, J.-F. Raffaelli, Seignobos,
de Saint-Auban, Steinlein, P. Veber, E. Verhaeren,
A. Willette, etc., etc.

Le Projet d'Edmond ROSTAND

PARIS

GEORGES CRÈS ET Cie, ÉDITEURS

116, BOULEVARD SAINT-GERMAIN, 116

1916

PRÉFACE

Je n'ai pas de cantate à faire ouïr, de maquette ni d'esquisse à montrer, de discours en préparation. Et la manière dont on glorifiait hier encore nos grands hommes n'a rien qui excite à souhaiter, pour nos *Sauveurs* d'aujourd'hui, la hideuse répétition des monuments dont est obstruée la Voie Publique, par toute la France. La plupart ridiculiseraient plutôt ce que l'on tendait à honorer, de Jeanne d'Arc à Gambetta, de Voltaire à Musset, du Télégraphe, de la Pomme de terre et de l'Aérostat à l'Automobile.

Enfin, j'imagine que la masse des citoyens éprouvés de quelque perte irréparable préféreraient le seul silence aux entreprises de manifestations qui ne tentent rien moins, sous le couvert national, que d'exproprier les douleurs et le deuil privés, pour en faire le soubassement collectif de Comités de Profiteurs de tous calibres.

Ce n'est donc pas pour organiser une « Commémoration », moi aussi, que j'ai soulevé cette controverse. Au contraire, et bien plutôt pour réfréner le zèle intempestif, dénoncer les combinaisons fâcheuses, de nature à compromettre une telle réalisation heureuse et vraiment désintéressée, qui ne peut manquer de se produire.

Le Silence ! C'est à la minute où vous pourriez espérer en détenir le droit irrémissible, que votre demeure foudroyée est envahie de toutes les offres d'une odieuse publicité. C'est quand la Poste ne suffit plus, à travers tant de difficultés, à distribuer le courrier de guerre, qu'elle est encombrée d'imprimés ineptes, de prospectus imbéciles, expédiés aux prix doux. Crise du papier, crise des transports ! Qu'attend-on pour frapper d'impôt cette indésirable paperasserie, qui n'a rien à faire avec les affaires. La plus affreuse pacotille se propose : livres d'or, diplômes, médailles, cadres enguirlandés de paroles évangéliques ou de formules maçonniques, au gré des familles ; tout cela au rabais, naturellement, « parce que c'est Vous », et que l'honorable Pisteur prend part à votre peine : un peu plus, et le bon commerçant vous établira un prix de série, un tarif différentiel si vous pouvez ajouter au fils, au mari tombés, quelque cousin ou neveu ! Ah ! si tous les mercantis de la mort exerçaient une pareille activité à nous conquérir le marché étranger ! Mais il est plus commode de tabler sur la vieille sensibilité populaire. Placement de tout repos. Comment échapper à de si pressantes sollicitations ? Ne serait-ce pas sacrilège que de refuser au pauvre disparu cet honneur posthume d'être mis sur le journal, sur un livre, sur une image ? Les circonstances sont favorables pour cette exploitation des cœurs à l'abandon.

Cette basse réclame prend allure officielle ; il faudra fournir des références, un texte légalisé, des timbres pour la réponse ; il y a un Comité d'honneur, toujours. Dans la solitude, la brave femme est tout étonnée : « Eh quoi, il y a donc quelqu'un qui pense à lui, à nous ! » Et de là à souscrire !... La recette est bonne, puisqu'elle suscite tant de concurrence.

J'en étais à ce point d'écœurement, lorsque je lus un écho sur la « Reconnaissance nationale », qui se recommandait de noms amis d'académiciens, *pour perpétuer la mémoire de tous les Français morts à l'ennemi ou des suites de leurs blessures et les glorifier au moyen de tableaux d'honneur, offerts aux communes de France* ».

Des tableaux d'honneur ? du carton ? pour un héros ! Je m'emballai. Non, non, du marbre. Et, sous cette réserve, je m'associais déjà au projet de la *Reconnaissance Nationale* — l'espace d'une chronique (1). (Car, je ne pouvais supposer que l'on en fût venu sitôt à l'exécution). Enfin, cette fois, il ne s'agissait plus d'abuser des pauvres gens, de leur extirper quelque pécule, en tirant sur la fibre sacrée ! Patatras...

Je reçois une lettre de M. Belloc (2), Secrétaire général de l'œuvre : c'est réglé, la *commémoration gratuite, les tableaux d'honneur en marbre*, avec toutes les pointures que pourra, que voudra chausser la gratitude citadine ou rustique des chefs-lieux ou des villages.

Du marbre. J'avais demandé du marbre ? Le voilà. Je n'ai plus qu'à entrer dans la carrière. Or, du coup, je n'éprouvais plus que froideur, je devenais de glace, pour ce marbre ainsi taillé et détaillé, en trente-six mille plaques obligatoires, *entourées d'un cadre artistique de M. Belloc, premier, second grand prix de Rome, sculpteur militaire.*

J'allais préférer l'oubli, peut-être nécessaire. Depuis la nuit des temps, que monte et s'enfle la marée des cataclysmes naturels et des crimes de l'homme, si le plus gros n'avait coulé au gouffre de l'Oubli, l'Univers serait devenu irrespirable. Sans le divin Oubli, qui pourrait accepter la caresse du soleil, l'ivresse du printemps, l'extase

(1) Voir page 1.
(2) Voir page 8.

de l'amour, avec, sur l'âme, toute la tristesse cristallisée des âges !

On ne doit pas parler ainsi.

Contre le lâche et suave oubli, il faut bander tout notre être ; fortifions nos mémoires et que la leçon nous serve, pour éviter toute surprise à nos descendants, dont la générosité serait susceptible de déposer peu à peu le fardeau de la Haine.

On me disait ce trait d'un aviateur belge, qui n'arrivait point à se sentir assez de fureur vengeresse contre les bourreaux de son pays : il avait découpé l'enquête sur les atrocités de Liège, de Louvain, s'en était fait un bréviaire dont il relisait quelque page, avant de s'envoler pour la bataille aérienne.

A l'instant de la Paix, voilà pour chaque séance, une lecture qui s'imposera aux plénipotentiaires, et les almanachs, les éphémérides, désormais devraient rééditer les paragraphes essentiels de ces procès-verbaux irréfutables.

Mais revenons aux projets de glorification nationale, dont le but n'est pas de hérisser les siècles, d'hypothéquer l'avenir de signes de Haine, ineffaçables, barrant tout rêve d'Humanité meilleure. Par l'admiration constante de l'Epopée sublime, par l'évocation incessante du sacrifice des multitudes héroïques, nous obtiendrons même résultat de souvenir efficace, — en beauté... A condition que la reconnaissance sache s'exprimer dans un accent digne de ceux dont elle rêve d'imposer les noms formidables à la Postérité.

Devant tant d'improvisations saugrenues, j'ai songé à interroger quelques Français représentatifs. Je n'espérais pas tant de réponses, ni si abondantes et circonstanciées. L'empressement de chacun, la variété des points de vue confirment assez que le sujet était dans l'air, encore que quelques-uns et des plus éminents, comme MM. Henry Bergson, Porel, le duc de Mortemart, aient jugé la question prématurément posée, en regard de cent autres plus urgentes : vaincre, d'abord, et soigner nos plaies de sang et d'argent, avant que de songer à la fanfare; ainsi peut-on lire entre les lignes aimables. Je suis désolé que l'on ait pu croire qu'il fût besoin de me le rappeler. Je ne l'oublie pas plus que M. H. Bergson; j'en suis obsédé autant que M. le Président du Cercle agricole, et cela ne m'a pas plus échappé qu'au Directeur du Vaudeville. Mais je suis mieux renseigné. Hélas ! il est des gens pressés. Si les morts vont vite, il y a des vivants qui se chargent de les rattraper. Ainsi, M. Belloc, Fondateur de la « Reconnaissance Nationale ». Que dis-je? Il va presque au devant; la guerre n'était pas déclarée depuis vingt-quatre heures qu'il avait déjà dressé le protocole de la commémoration des victimes.

Voici ce qu'en disait le *Petit Journal* du 22 février 1915, sous la signature de Jean

RICHEPIN, — (après avoir lu ces quelques lignes,
d'un précédent numéro :)

« Je voudrais que pour ceux-là, pour les disparus, une œuvre se fondât afin qu'une plaque fût,
un jour, fixée dans leur ville, ou dans leur village,
soit au mur de la maison commune. Ainsi leurs
noms ne périraient pas. Ils ne doivent pas périr.
Gravés dans le marbre, épelés par les enfants,
répétés par les maîtres, ils seront honorés d'âge
en âge. Et les plus sordides hameaux, ce marbre
les anoblira. »

« UN SPECTATEUR. »

Par cet écho anonyme, se précisait le sentiment
obscur qui l'agitait, sur le même sujet :

« Il me semble que cette voix me criait :

« Pourquoi n'en as-tu jamais rien dit au public,
de cette œuvre, puisqu'elle est juste, puisque le
rêve en palpite dans son cœur, dans tous les cœurs,
puisque cette œuvre existe enfin ?

« Car elle existe, oui, je le confesse, je le proclame. Elle existe depuis le 27 septembre 1914.
Il y aura cinq mois pleins, dans quelques jours,
qu'elle a été fondée, qu'elle a des adhérents, qu'elle
fonctionne, qu'elle grandit, qu'elle prépare la
glorification. »

Pour exister au cinquantième jour de la guerre, comme « le confesse » et « le proclame » le poète de la *Chanson des Gueux*, avec un lyrisme qui ne l'abandonne pas dans la plus humble prose du journalisme, la « Reconnaissance Nationale » n'avait pu perdre de temps. Plus d'un conciliabule préparatoire a dû précéder la séance inaugurale. De fait, la Société recrute des adhérents, s'étend depuis deux ans. Tout à l'heure, nous fûmes gratifiés de l'invitation suivante :

INVITATION

« M. Eugène Etienne, Président du Comité du monument « a la gloire de l'expansion coloniale française », et M. Jean Richepin, Président de l'Association patriotique « la Reconnaissance nationale », ont l'honneur de vous prier de visiter l'atelier de M. J.-B. Belloc, sculpteur, où seront exposées les œuvres suivantes :

« 1° Le modèle définitif du monument « A la Gloire de l'expansion coloniale française » qui sera érigée à Paris ;

« 2° Les modèles des tableaux d'honneur qui seront offerts par l'Association patriotique « La Reconnaissance Nationale » aux communes de France, des colonies et des pays de protectorat, à de grandes écoles, à des associations et à des groupements divers, et sur lesquels seront gravés les noms des morts pour la Patrie.

EXPOSITION GRATUITE

Les vendredi 30 juin, samedi 1ᵉʳ juillet, et dimanche 2 juillet, de deux heures à 6 heures 30 de l'après-midi. Rue de l'Université, 129 (VII). »

Philosophe, il sera trop tard à la fin des hostilités : Belloc sera sur tous les murs ; d'autres auront jeté leur dévolu sur nos places, dans les squares, à travers les jardins publics. Par les boyaux de la politique souterraine, les compétitions auront cheminé. Quel Conseil Municipal, d'Arrondissement, Général, n'ont point leurs boursiers à pousser ; mille commandes seront décidées, que la foule et l'élite n'en sauront rien que le jour où quelque charmante perspective, quelque terrasse majestueuse, quelque rond-point exquis seront gâtés par l'intrusion du pylone, du socle, de l'effigie, du groupe, de la décoration irrévocables. Ne croyez pas qu'alors, Philosophe, votre sagesse cadencée pourra émouvoir le monstre, vos raisonnements faire reculer l'ébauchoir et le compas barbares. Le sculpteur demeurera sourd à toute considération ; le sculpteur est sans pitié. Et s'il n'y avait que le sculpteur ! Mais l'architecte est là aussi...

Que d'autres raisons pour déconseiller d'attendre !

Attendre ?

C'est quand le sentiment est à son paroxysme qu'il sied d'en tirer parti. Au moment de la ruée sur Paris, des familles affolées, et d'une folie bien explicable, offraient leur fortune pour un taxi ; à quelques semaines de là, il leur faut l'Opéra et la Comédie, et elles s'indignent que le chauffeur hésite à charger, faute d'essence ou crainte des « refuges », dans la nuit noire.

A mesure que l'ennemi reculera, tous les égoïsmes se souderont pour mesurer parcimonieusement le taux de la gratitude.

Déjà, quelques-uns argumentent :

— A-t-on le droit d'empoisonner l'avenir, en perpétuant les deuils du présent; de faire du riant pays de France une nécropole où l'on ne pourra se tourner sans lire une inscription funèbre?...

— Et si, par un jeu de diplomatie future et des révolutions sociales, nous devenions des alliés d'une Allemagne repentie et régénérée, l'amnistie devrait-elle être indéfiniment contrariée par le stigmate indélébile des crimes lointains et expiés?

Enfin des gens de précautions s'enhardissent jusqu'à susurrer :

— La dette contractée est au-dessus des disponibilités de la nation. N'exagérez pas les intérêts, ne donnez pas l'espoir de droits imprescriptibles aux familles, aux descendants, qui demanderont des comptes.

Etc., etc.

Oui, parmi les profiteurs de guerre — et qui ne l'est pas, peu ou prou, rien que d'avoir vécu et survécu, — il en est qui calculent anxieusement :

— Que vont-*ils* demander, en retour et au retour ?

ILS — ceux de Charleroi, de la Marne, des Tranchées, de l'Yser, de Champagne, de Verdun ?

Pour les morts, on serait rassuré, sans ces projets de glorification ; car l'on pourrait compter, humainement, sur la défection progressive de leur mémoire, chez les générations montantes.

Or, c'est ce que nous ne saurions admettre. Nous ne pouvons entrevoir sans horreur que ceux qui ont tout donné, sans compter, seraient lâchement frustrés de leur part de gloire.

Rostand qui a suggéré, dans une page splendide, le moyen le plus pratique et le plus tendre d'honorer ceux qui sont morts pour nous par l'inscription du nom à la façade de leur maison (1), estime que la mince dépense pourrait être mise à la charge du propriétaire ; l'immeuble ne serait-il pas enrichi de ce paraphe merveilleux ?

-----

(1) Les maisons disparaissent, objecte-t-on. L'inscription suivra le changement de destination de l'immeuble, sur les murs nouveaux, sur une plaque, dans le voisinage immédiat, en cas de suppression.

Tout de suite, on nous oppose :

— Cette servitude de gloire ne sera pas édictée sans résistance. Voyez-vous, plus tard, un propriétaire ayant à expulser le mauvais locataire, descendant du héros annoncé à la porte !

Et quelque pauvresse, des gamins, haillonneux, mendiant sur le trottoir, devant l'huis triomphal !

Oui, je vois très bien cela : l'ingratitude forcée dans son retranchement, s'il est possible que des femmes, des enfants soient encore à mendier sur notre sol, à côté de celles et ceux qui regorgent de fortune ! Que l'on y veille, aussi ; il ne s'agit pas de liquider le passé mais d'assurer l'avenir. Il faut qu'il soit établi à jamais que l'homme qui se bat sera dégagé de tout souci pour sa maisonnée à l'arrière. La commotion aura été trop violente pour que la vibration ne s'en prolonge pas jusqu'aux horizons les plus lointains de l'Histoire.

(Du moins, nous le croyons. Après avoir cru que l'on ne reverrait pas 1870. Le siège de Paris, deux provinces envahies, nous semblaient le bout de la Guerre ! Avec les sous-marins, quelques progrès de l'aviation, où en est la paix future du monde ?)

N'était-ce pas là des motifs plausibles d'intervenir, et tout se suite, pour que la commémoration fût, et soit ce qu'elle doit être, avec toutes ses conséquences

Cependant, ne redoutons pas tant l'ingratitude, qui se peut réparer. Il y a des sursauts de la justice

immanente. Craignons, d'abord, l'exagération
désordonnée qui menace la beauté de nos villes et
de nos campagnes. La plupart de ceux qui ont
envisagé le problème s'inquiètent du péril esthétique. Et Rostand, encore, dresse la solution la
plus nette. Ce serait un Comité d'ensemble à qui
tous projets seraient soumis. Déjà l'Etat s'est
préoccupé de la Protection des Sites et Paysages.
Un Conseil supérieur d'Artistes, d'écrivains, de
savants, d'amateurs, dégagé des entraves locales,
des sujétions politiques. Après comme avant le
guerre, les Maires et les Curés seront encore des
Maires et des Curés, avec leurs partis pris, le plus
loyalement du monde. Le Maire et son Conseil,
qui ont doté leur commune d'un Hôtel de Ville,
réclameront toujours pour cet édifice la plaque de
marbre ; et le recteur opinera toujours pour sa
chapelle. Quand le Maire a parlé de *son* Conseil
et de *sa* commune, il a tout dit. Vainement,
essayerez-vous de lui faire entendre qu'il y a, tout
près de lui, d'autres citoyens, à l'écart, mais
compétents, en matière d'art, d'histoire, de science,
d'industrie. Le Maire a *son* conseil, *son* architecte,
qui lui suffisent, avec l'intérêt électoral. Il y a des
ingénieurs, des professeurs, des officiers ; des ins-
pecteurs des finances, des collèges, des musées ; des
archivistes, des académies régionales, des fonctionnaires nomades, indépendants, d'autant plus
clairvoyants qu'ils sont sans attache dans le pays.
Il y a les « étrangers », qui ont adopté une villé-

giature, où ils apportent leur goût, leur talent, leurs revenus, à laquelle ils créent un renom ; personne, en rien, ne sera jamais consulté. Voilà un domaine où pourrait s'exercer l'utilisation des compétences. Le Touring Club, les grandes Sociétés, Gens de Lettres, Auteurs et Compositeurs, Salons, prêteraient leur aide. Bref, de solides éléments d'activité, d'organisation et de critique... Aux vacances, chaque province voit revenir, fidèles à la petite patrie, ses émigrants de Paris, parvenus à l'aisance, à la célébrité. Va-t-on utiliser leur expérience, sous quelque forme ? Jamais. Leur présence portera ombrage. Les « élus » ne respireront qu'à l'automne qui les délivrera de ces gêneurs, dont on peut toujours suspecter une arrière-pensée, une ambition secrète.

(Puis la famille des disparus devrait être représentée par son Membre le plus proche ; ce serait d'élémentaire convenance.)

Il ne s'agit pas de dessaisir les assemblées locales de la moindre parcelle de leurs prérogatives, mais d'augmenter leurs lumières sur un point où elles peuvent n'avoir que des clartés obscures.

Mais revenons à la proposition de Rostand qui n'apporte aucune restriction à l'initiative privée communale. Son Conseil régulateur ne se mêlera pas de créer, d'imposer quoi que ce soit; ses attributions seront de surveillance, d'arbitrage, avec pouvoir d'infliger une quarantaine sévère aux conceptions douteuses, de nous prémunir contre telles éruptions de marbre et de bronze pouvant faire tache au visage de la France, qui souffre trop souvent d'opérations pratiquées sous prétexte de l'embellir. Un Conseil éminent, avec des commissions d'expertises régionales où les voix autorisées seraient entendues pour la défense de l'intégrité esthétique du territoire contre l'invasion du dedans ; celle de l'extérieur doit suffire.

La glorification des combattants morts pour la Patrie !

Mais où prendre l'argent? C'est le point d'interrogation, tout de suite...

La Société Belloc ne vend pas ses produits, elle les donne; mais elle ouvre une souscription, forcément, où toute la nation devra s'employer; c'est ce que l'on estime doter les communes gratuitement de la plaque de marbre blanc, « entourée d'un cadre artistique en bronze ».

Passons.

Avec le projet Rostand, le plus égalitaire et démocratique, aucune dépense, en vérité... Quel est le marbrier, l'artisan de village qui ne s'empressera de graver les quelques noms voisins au fronton de la porte où, d'habitude, s'inscrit la date de la bâtisse. Les frais minimes pourraient être mis d'office à la charge des budgets communaux; aucun empêchement financier, et c'est une considération pour les temps prochains.

Telles sont les quelques remarques générales que m'a dictées l'examen des lettres qui suivent et que le lecteur modifiera sur ses propres impressions, en remerciant comme moi, j'en suis sûr, leurs auteurs, de nous avoir fourni les éléments précieux d'une discussion profitable, grâce à quoi, la question se trouve clairement posée...

Jean AJALBERT.

La
Reconnaissance Nationale [1]

Cette fois, voici une distinction qui ne risque pas de s'égarer. Le hasard, ni la faveur, ne l'accrocheront à des poitrines plus avantageuses que méritantes. N'en bénéficieront que les *combattants morts pour la Patrie ;* c'est là une catégorie magnifiquement interdite à l'intrigue, à la fraude et à la surenchère électorale, aucune *assimilation* n'est à craindre...

Comment honorer dignement et durablement le sacrifice obscur, mais le plus certain, des innombrables légions de ceux qui tombent avant que les ait effleurés un rayon de Gloire?

On a proposé des publications de toutes sortes, forcément coûteuses et massives ; il faut les payer

(1) *L'Éveil* (12 juin 1916).

pour les lire. Ce n'est pas à la portée de tous. Et il y a des douleurs fières, qui refusent de s'inscrire dans les annuaires Enfin, il s'agit là d'opérations de librairie. La dette de la France vis-à-vis de ses sauveurs doit se régler autrement, avec des arrérages inextinguibles, sans amortissement possible...

J'avais échafaudé un projet en ce sens, — qui n'exigeait, pour sa réalisation, qu'un déclic assez simple des pouvoirs publics. La Glorification unanime et sans fin de nos morts devait se pratiquer d'ensemble, par une mesure d'Etat, et non par le geste d'organisations privées.

Or, je lis qu'une association patriotique s'est fondée : la *Reconnaissance nationale*, présidée par Jean Richepin, avec le concours de Maurice Donnay G. Hanotaux, Lavisse, Paul Margueritte, Me Chenu...

La *Reconnaissance nationale* a pour but :

1o De perpétuer la mémoire de tous les Français, morts à l'ennemi ou des suites de leurs blessures, pendant la guerre 1914-1916, et de les glorifier au moyen de tableaux d'honneur, offerts aux communes de France, des colonies et pays de protectorat et sur lesquels seront gravés les noms des morts pour la patrie, originaires de ces communes (aux colonies, sur les tableaux d'honneur, les noms des indigènes de toutes les religions qui seront morts à l'ennemi ou des suites de leurs blessures, pendant la guerre 1914-1916, dans quelque partie du monde qu'ils aient combattu, pour la défense de la France et de son domaine coloniaal, seront gravés au même titre que les noms des soldats de France...

On ne peut qu'applaudir à pareille initiative. Elle a, sur la nôtre, la supériorité d'être en voie d'exécution. Cependant, je crois ma formule préférable. Je la soumets à l'examen du comité fondateur de la *Reconnaissance nationale* à toutes fins utiles...

J'entendais que les départements et les communes prissent spontanément à leur compte la glorification préconisée par la *Reconnaissance nationale*. J'imaginais que conseils généraux et municipaux, au premier signe, s'empresseraient à notre point de vue...

La *Reconnaissance nationale* veut se charger de dresser les cartons d'immortalité des soldats tombés pour la défense de nos cités et de nos villages. Ce seront des *palmarès* bien fragiles, probablement uniformes, destinés à *l'intérieur*, dans les écoles, les mairies, les églises, les palais civils ! Des répertoires trop mobiles, risquant d'être déplacés au gré des circonstances, des opinions, de la politique de sous-préfecture... Mais oui !

J'ai rêvé d'un inventaire indélébile...

C'est à la pleine lumière, dans le vent et le soleil où ils sont nés, où ils ont vécu, où ils se sont battus, que doivent survivre, par des nomenclatures héroïques, nos Morts sanglants de tout à l'heure, d'aujourd'hui, de demain. Il faut qu'à travers les siècles leur image formidable obsède la Postérité trop encline à l'oubli. Il faut qu'à travers le Travail et le Plaisir nos descendants soient contraints à se souvenir. Il faut que le pâtre, conduisant les bêtes aux champs, s'arrête à épeler les noms sublimes du terroir, incrustés au porche de la chapelle, à la fontaine, au champ de foire. Il faut que le mousse de nos rivages apprenne au *Calvaire* du chemin, ou sur la *jetée* du port, la liste grave des anciens, partis pour les frontières, d'où ils ne sont jamais revenus. Il faut que le citadin, gravissant les marches d'un théâtre, ait à donner une pensée aux concitoyens dont la fin a dépassé en beauté, et en horreur, dans la réalité, toutes les fictions de la scène...

Le moyen n'est pas compliqué ! Et quelle splendeur, que cette évocation du sursaut prodigieux de la Patrie, par ces ex-voto des rues et des sentiers de toute la France ! Comme les croix frustes perpétuent aux campagnes l'aspect religieux du passé, les inscriptions répétées du nord au midi, de l'est à l'ouest, créeraient à tout le territoire une ambiance morale nouvelle : elles ponctueraient d'une saine rudesse la douceur trop fréquente de nos paysages : elles rediraient, maintiendraient l'union sacrée, par le voisinage, dans l'épreuve, du riche et du pauvre, du curé et de l'instituteur, du châtela'n et du bouvier... De l'indulgence, de la pitié sociales persisteraient pour les fautes et les détresses, couvertes d'un nom anobli par le trépas superbe... Des noms, des dates, et l'endroit fatidique... Tout à

l'alignement d'égalité, comme dans le rang...
Tout de même, quelque signe distinctif, pour les
enfants, qui n'ont pas attendu leur tour, pour
les vieux qui ont rejeté le bénéfice de l'âge... Non,
ne craignez pas que l'existence soit assombrie de
ce rappel à l'Histoire. Nulle tristesse n'émanera
de cette confrontation journalière du présent
avec le passé, — après quoi la vie ne peut apparaître que plus chère à vivre, à qui serait tenté
d'en médire, pour ses pâles et faibles misères
quotidiennes !

Et puis, quoi de mieux, pour déposer une fleur,
prononcer une harangue, commémorer les anniversaires de la victoire, — que le Mur doré de
soleil où fraterniseront toutes les familles, dans
les deuils pareils, et les mêmes remembrances...

Moi, je ne puis qu'écrire un article, dans un
journal à ses débuts. Mais Richepin, Donnay,
Chenu ! Qu'ils prennent la parole, dans une
conférence, par exemple, où ils réuniraient les
présidents des conseils généraux, moins de cent
personnes ! Ces représentants, proches du peuple, auront tôt fait d'acquiescer au vœu de la
Reconnaissance nationale, — assurés de la reconnaissance locale. Quelle province manquerait de
la pierre ou de l'airain nécessaire que chacune
accommoderait selon son génie propre? Trois
noms de braves, d'un canton perdu, tracés au
flanc d'une roche, au parapet d'un pont, dans
quelque solitude des bois ou de la montagne,

prêteraient à la lecture émouvante du voyageur
autant que des milliers aux parois d'une cathédrale ou d'un monument de chef-lieu. Et quand
il n'y en aura qu'un, de quelque bourg de chaume
et de pisé où ne saurait apparaître convenablement l'humble dénomination. — qu'on la taille à
la borne de la route : elle aura le salut du chemineau, à qui la réflexion fera l'étape moins dure...

La *Dette nationale* doit être inscrite à tous nos
horizons, — payable à vue, à tout instant, sans
s'effacer jamais. Des pancartes affichées dans
quelque salle reculée ne sauraient suffire à rafraîchir les mémoires négligentes, à exalter les imaginations débiles.

Tous les Français doivent approuver les
promoteurs de la *Reconnaissance nationale :*

Mais pas de carton : du marbre.

Jean AJALBERT.

A la gloire de nos Morts [1]

Je suis abominablement gêné — poursuivant le même but que la *Reconnaissance nationale*, d'avoir à combattre les moyens qu'elle préconise sans entente possible. A moins qu'elle ne revienne sur sa conception initiale.

La société patriotique, la *Reconnaissance nationale*, s'est fondée « pour doter toutes nos communes de *tableaux d'honneur* qui seront de *remarquables objets d'art en marbre blanc et en bronze* ».

Je m'étais trompé en parlant de carton. Hélas ! c'est beaucoup plus grave. On nous propose des *tableaux d'honneur*, d'un modèle unique, ou, du moins, d'un seul auteur, M. J.-B. Belloc, sculpteur militaire, comme il s'intitule.

Certes il faut rendre hommage à la flamme généreuse qui illumine le fondateur et secrétaire général d'une association où il a pu grouper des Français éminents comme Richepin, Brieux,

(1) *L'Eveil* (25 juin 1916).

Donnay, Hanotaux, Lavisse, St-Saëns, A. Mercié ; d'autres moins éminents comme MM. Ballot, Dugas, Prudon, Julien Le Cesne, Franceschi, Patrouix, Poli, Paul Trouillet, Louis Gastine, Louis Gamard, Louis Portes, Marcel Triaire, M. le général en retraite Gaudelette...

Oserai-je dire que ce conseil d'administration n'est pas suffisamment représentatif, tout de même, pour imposer à la France « *l'objet d'art* » qui doit perpétuer le souvenir de Ceux qui tombèrent pour Elle. D'ailleurs, les noms ne font rien à l'affaire. Il n'y a pas de comité, pas d'aéropage qui puisse se substituer à la Patrie. Le mobile est très noble, qui possède M. Belloc, de tenter de prévenir par une commémoration d'ensemble, et forcée, l'ingratitude et l'oubli possibles... Mais peut-il croire que l'idée dont il se réclame n'est pas venue un peu à tout le monde, avec mille projets de réalisations diverses ! Dans son élan simpliste, la *Reconnaissance nationale* a dépassé le but... (1)

(1) ASSOCIATION PATRIOTIQUE
LA RECONNAISSANCE NATIONALE

Paris, le 16 juin 1916.

Monsieur,

Mon ami Paul Margueritte m'adresse, à l'instant, votre bel article.

Je ne crois pas avoir l'honneur d'être connu de vous, mais j'ai l'honneur de vous connaître comme homme de

Les pièces sous les yeux, il est étonnant que tant de leurs signataires aient pu se grouper pour une telle erreur. Au nom de l'Union sacrée, qu'il nous soit permis de parler net, entre nous. A travers les besognes dont chacun est débordé, les grands hommes sollicités, pour peu qu'on les presse, ne refusent pas leur concours à « l'œuvre » séduisante, chaleureusement exposée. Leur concours, c'est leur notoriété, leur renommée, par ordre académique ou alphabétique, dans les textes qu'ils ne font que signer, au service de la bonne cause. Et puis, ils se désintéressent de la pratique, — avec l'excuse, véridique, de leur incompétence, ou de leurs occupations. Cela s'est passé pour la *Reconnaissance nationale*, comme

lettres, je crois même que vous êtes un chaud partisan de la cause coloniale française; je sais enfin que vous êtes un pur artiste, qui a la joie de vivre dans le beau Palais de la Malmaison, dont vous êtes le conservateur.

C'est donc à tous ces titres et avec une joie bien vive que je prends la liberté de vous écrire, pour vous dire combien je suis heureux de l'intérêt que vous voulez bien porter à notre belle œuvre.

Ainsi que vous pourrez vous en rendre compte par les documents que je vous adresse, on dirait vraiment que nous avons lu dans votre cœur, en créant notre Association, puisqu'elle réalise à peu près, tout ce que vous souhaitez.

Pas de carton, certes ! que la politique locale balancerait comme une plume, mais du bronze et du marbre pour nos héros, c'est-à-dire les matières les moins périssables de celles que nous possédons.

Les Tableaux d'honneur de « *La Reconnaissance Nationale* » ne seront jamais placés dans des salles de mairies, dans lesquelles les habitants des communes pénètrent peu et où les étrangers, les touristes ne pénètrent jamais, pour cent autres sociétés où se retrouvent immanquablement les mêmes noms généreux et bénévoles.

La *Reconnaissance nationale* adresse aux maires des *affiches*, une *circulaire*, des *statuts*, un *règlement intérieur des sections*, une constitution des *sections*.

Le maire est *sollicité de demander le tableau commémoratif*, en fournissant la liste des combattants tués de son ressort.

Par ailleurs, dans les villes et villages, il se crée des *délégués qui « pourront s'adjoindre un bureau, composé d'autant de membres qu'il lui paraîtra utile.* »

A trente-six mille communes, cela fait quelques centaines de mille hommes, délégués ou assesseurs,

mais scellés à la façade de la Mairie, la maison commune serait-elle, comme dans certains hameaux, la modeste maison de paysan du Maire.

Mais il y a, dans votre bel article, des visions, des rêves poétiques, pourrait-on dire, que nous sommes tout disposés à réaliser, autant que possible et avec votre aide, car je souhaite de tout mon cœur de pouvoir vous parler bientôt de « *La Reconnaissance Nationale* » comme de notre œuvre commune.

Je fais allusion au passage de votre article, où vous dites, avec force : « ...Et quelle splendeur que cette émotion du sursaut prodigieux de la Patrie par ces ex-voto des rues et des sentiers de toute la France. »

Plus loin : « Et quand il n'y en aura qu'un, de quelque bourg de chaume et de pisé, où ne saurait apparaître convenablement l'humble dénomination, qu'on la taille à la borne de la route, elle aura le salut du chemineau, à qui la réflexion fera l'étape moins dure... »

Certes, il y a là une idée magnifique que nous réaliserons avec joie, s'il vous agrée.

Mais il y a aussi, hélas ! le passage de votre article où

-- chargés d'e la propagande pour recueillir les souscriptions.

La société se compose de *membres titulaires*, de *membres d'honneur*, de *membres donateurs*, de *membres bienfaiteurs*, selon le versement. A 500 fr. c'est l'inscription sur un *tableau d'honneur !*... outre une médaille, une place réservée aux inaugurations, etc...

***

Le lecteur n'a-t-il pas de lui-même dressé les objections principales :

1° Il n'est pas un maire qui ne songe à la glorification locale de « ses » morts pour la patrie.

vous dites que M. Jean Richepin, notre éminent Président, pourrait réunir les Présidents des Conseils généraux.

Ici, il y aurait trop à dire et nos confidences vous attristeraient, vous qui souhaitiez que les Départements et les Communes prissent spontanément et à leur compte la glorification des morts pour la Patrie !...

Souhaiter de tout notre cœur l'heure de la Victoire, qui fera cesser nos angoisses, puis imposer notre œuvre par notre foi et nos efforts inlassables, voilà notre programme.

Alors, notre éminent Président parcourra la France pour porter la bonne parole de « *La Reconnaissance Nationale* » comme il l'a déjà fait pendant la guerre pour des œuvres multiples et d'une immédiate nécessité et cela avec le talent et le grand cœur que vous lui connaisssez.

Et maintenant, Monsieur, en m'excusant de la longueur de ma lettre, je la termine en ayant le plaisir de vous informer que vous recevrez prochainement une invitation, pour une exposition qui aura lieu dans mon atelier, à la fin du mois, par laquelle « *La Reconnaissance Nationale* »

2° Il n'est pas de village assez misérable pour manquer de la pierre ou du métal nécessaires.

Dès lors, à quoi bon ce monstre de *centralisation* qui va entraver toutes les initiatives régionales !

« *Nous le déclarons bien haut, et de la façon la plus formelle, il n'y a aucune condition à remplir, pour recevoir, de la part de notre Association, le* DON ABSOLUMENT GRATUIT *des tableaux d'honneur offert aux communes; il n'y a qu'à le demander.* »

Absolument, gratuitement, mais dans le même ballot d'imprimés, les maires trouvent un paquet de bulletins d'adhésion...

C'est-à-dire que, directement, ou par les comités en gestation, il faudra recueillir des fonds,

montrera les modèles des « Tableaux d'honneur » qu'elle *offrira.*

Comme auteur de ces modèles, je serais très touché, s'il vous plaisait de venir les voir, avant l'exposition, et, comme Secrétaire général de l'Association, c'est au nom du Conseil d'Administration que je vous dis, d'avance, combien nous vous serions tous obligés si vous vouliez en entretenir encore vos lecteurs.

Je viens de vous écrire spontanément, sans en conférer avec M. Richepin, mais je puis vous affirmer qu'il vous saura un gré infini de tout ce qu'il vous plaira de faire, pour l'aider dans l'œuvre à laquelle il se donne de tout cœur.

Veuillez agréer, Monsieur, l'expression de mes sentiments les plus distingués et tout dévoués.

Le Secrétaire Général :
J.-B. BELLOC.

pour Paris, — qui les restituera, aux provinces, en tableaux, signés Belloc.

Comme s'il n'était pas plus simple que la Commune disposât, d'elle-même, des ressources qu'elle se serait procurées !

Ainsi s'envole tout le système incroyablement compliqué de la R. N. Le Conseil muincipal, les groupements locaux, les familles des morts ne composent-ils pas des comités suffisants, sans créer des organismes nouveaux, inutiles et dangereux ; si les délégués sont du camp municipal, leur rôle est de superfétation : adversaires, il y aurait conflit. Et nos amis de la R. N. n'ont pas pris garde qu'en dernier lieu, le Conseil municipal et l'Etat dominaient : ce sont eux qui accorderont l'emplacement...

Qui les obligera à s'incliner devant la manière de voir de la R. N. ? Et chacun ne sera-t-il pas porté, encore, dans une émulation certaine, à faire autrement — c'est-à-dire mieux — que le voisin... (1)

(1) Par exemple, M. Louis Martin, sénateur du Var, a déposé une proposition de loi tendant à la création, dans chaque Mairie de France et des colonies, d'un tableau contenant la liste de tous les habitants de la localité tombés au champ d'honneur ou morts des suites de leurs blessures reçues à la guerre, et à l'institution d'un livre d'or des municipalités françaises, contenant les noms des maires, adjoints, conseillers généraux, conseillers d'arrondissement, conseillers municipaux et employés de mairies tués pour la Patrie.

M. Belloc se trompe fort, à mon avis, s'il juge qu'il laisse la marge suffisante aux vues originales :

« *La société préconise et encourage, par tous les moyens en son pouvoir, les différentes façons de mettre en valeur les tableaux d'honneur...*

« *Ces divers ensembles artistiques, dont les tableaux d'honneur sont toujours le motif principal, fournissent aux artistes locaux, peintres, sculpteurs, architectes, etc., l'occasion de collaborer... Les décorations dont ils entourent le motif principal, varient avec le caractère artistique de chaque région...* »

Une seule réponse : les artistes, dignes du nom, n'accepteront pas de collaborer ; ils préfèrent créer. Dès que les communes entreprendront de dépasser la plaque funèbre, par quelque figuration plus importante, que représentera pour elles le *tableau mural* de la *Reconnaissance Nationale ?*

JEAN AJALBERT.

Comment glorifier les Morts pour la Patrie ?

OPINIONS

Georges ANCEY

L'un des plus sûrs auteurs du Théâtre-Libre, dont chaque pièce, de « l'Ecole des Veufs » et de « la Dupe » à « Ces Messieurs » honore le théâtre français, sans avoir conquis le gros public ; amer, cruel, comme Becque, mais avec plus d'invention et de diversité, il est, avec F. de Curel, l'un des maîtres, intransigeants et fiers, révélés par Antoine ; G. Ancey demeure, le seul, de cette brillante période, à l'écart de la maison de Molière...

19 juin 1916.

Mon cher ami,

J'approuve infiniment ta pieuse idée de célébrer nos héros d'une façon vraiment durable et j'y applaudis de tout cœur.

Fidèles amitiés.

GEORGES ANCEY.

Alphonse BERGET

Alphonse Berget, le savant professeur, en Sorbonne et à l'Institut océanographique, à qui les études physiques doivent des contributions personnelles, et l'aviation des publications précieuses :

UNIVERSITE DE PARIS
    SORBONNE
    —

                Paris, 19 juin 1916.

Oui, mon cher ami : l'idée est excellente et généreuse. Et je l'approuve de tout mon pouvoir.
Affectueusement à toi.

A. BERGET.

Albert BESNARD

Directeur de l'Académie de France à Rome.

C'est en révolutionnaire que Besnard est monté à l'Institut, sans concessions aux formules officielles. Chaque année, son « Salon » était une bataille et une victoire. Que d'œuvres discutées, acclamées. A ses prestigieuses décorations de l'Hôtel de Ville, de l'Ecole de Pharmacie, de la Chapelle de Berck, il a ajouté, naguère, le plafond du Théâtre-Français, et cet ensemble merveilleux de son voyage aux Indes. Il a fait un portrait hésitant du Pape. Mais son cardinal Mercier, avec le Christ et la cathédrale en ruines peut être un ardent chef-d'œuvre :

VILLA MEDICI   24 juin 1916.
    ROMA
    —

Mon cher Ajalbert,

Comment ne pas applaudir à votre belle idée qui a pour elle le nombre et la stabilité du souvenir.

Je m'y associe pieusement.

La lecture de tous ces noms rencontrés ici et là, gravés sur des pierres posées à l'endroit où sont nés ou morts nos pauvres enfants fera comme un murmure de prière d'un bout de la France à l'autre.

Croyez, pour notre part, à notre gratitude.

Amitiés bien vives.

A. BESNARD.

René BOYLESVE

« Le Médecin des Dames de Néans », « l'Amour dans un Parc », « l'Enfant à la balustrade », « Mlle Cloque », etc., vingt titres qui évoquent un écrivain, véritable « constructeur de roman », sachant situer une action, présenter et faire mouvoir des personnages dans une réalité choisie et nuancée, aussi éloigné du naturalisme excessif que du romanesque puéril ; de la province balzacienne, que l'on pouvait croire usée, il a tiré encore des livres personnels, avec de la variété, de la couleur, de la mesure, et très savoureux :

PARIS.

—

19 juin 1916.

Mon cher Confrère,

Je suis de votre avis : je préfère le marbre ou la pierre au carton. Mais il me semble que l'un n'empêche pas l'autre. Je laisserais le carton s'introduire uniformément à l'intérieur des monuments publics et des écoles et j'encouragerais ou aiderais, peut-être par souscriptions, les communes pauvres qui n'ont pas le moyen de faire graver convenablement les noms de leurs héros, à placer, dehors, sous l'œil de tous les passants, dans les carrefours des routes, et d'une manière ineffaçable, la liste glorieuse de ceux qui sont morts pour leur pays.

Croyez-moi bien cordialement vôtre.

RENÉ BOYLESVE.

Henri BERGSON

L'auteur de « L'essai sur les données immédiates de la conscience », de « Matière et Mémoire », de l'Evolution créatrice » et d'un délicat ouvrage sur le « Rire » est l'un des plus grands philosophes de l'heure actuelle. Spiritualiste intégral, il est, en même temps, un réaliste puissant. Il a réagi, d'une part contre le subjectivisme de Kant qui réduit le moral extérieur à notre esprit, et, de l'autre, contre le scientisme, qui demande à la science le dernier mot sur les énigmes de l'univers. Il a rétabli la liberté dans ses droits, et, avec la liberté, l'action qui en est la plus haute expression.

M. Bergson aurait voulu pouvoir être agréable à M. Jean Ajalbert, mais il a dû se faire une règle absolue de ne répondre à aucun questionnaire et de ne donner aucune interview. Si ingénieux et intéressant que lui paraisse d'ailleurs, le projet de M. Jean Ajalbert, il estime que c'est seulement après la guerre qu'on pourra déterminer le moyen (ou plutôt les moyens, car il devra il y en avoir beaucoup) d'honorer dignement ceux qui sont morts pour la Patrie.

Alfred BRUNEAU

Le Compositeur de « l'Attaque du Moulin, » du « Rêve de Messidor », etc., d'une œuvre sobre, voulue, forte et intransigeante, qui s'est imposée de haute lutte.

PARIS.

—

22 juin 1916.

Cher ami,

Votre idée est excellente. On ne saurait assez glorifier nos héros.

Je vous félicite et vous serre affectueusemetn la main.

Alfred BRUNEAU.

Jacques-E. BLANCHE

Peintre d'élégance et de distinction, dont les portraits forment la plus aimable galerie alliée, de la société anglaise et du monde parisien ; J.-E. Blanche est encore célèbre par son esprit aigu, sa critique mordante ; il publie des « Cahiers d'un Artiste », qui sont un « Journal de guerre » très personnel.

22 juin 1916.

Mon cher ami,

C'est une pensée qui m'a souvent préoccupé et j'ai réfléchi plus d'une fois sur le moyen d'honorer les morts dans le présent et l'avenir.

Je tiens beaucoup à mon idée d'une gigantesque pyramide, et de plusieurs s'il le faut, sur les parois intérieures de laquelle ou desquelles, les noms seraient gravés dans la pierre. Entendez bien : une pyramide comme celle des Pharaons. Cela, pour éviter les dangers du style, des architectes, des décorateurs, des sculpteurs officiels, enfin de tous les périls esthétiques que vont faire courir à la France, la gratitude, l'amitié des non-combattants, pour ceux qui sont morts pour elle.

Lieu à choisir. Près de la ligne des tranchées actuelles, en quelque bel endroit, tel qu'une certaine colline proche de Béthune — ou près de Verdun.

Il faudrait créer une Via Sacra. *Mais quels monuments horribles nous verrions se dresser !*

Votre

J.-E. BLANCHE.

BERNHEIM Jeune

Les célèbres marchands de tableaux, experts, dont la devanture vitrée de la Madeleine offre au passant la joie quotidienne de quelque chef-d'œuvre; ils ne sont pas tous dans les galeries de l'Etat :

22 juin 1916.

C'est une campagne on ne peut plus patriotique et des plus nobles que celle dont vous avez pris l'initiative. Nous y applaudissons des deux mains. Pouvons-nous, à ce sujet, vous être utile à quelque chose ?

Croyez à mes sentiments très affectueux et très révoués.

JOSSE BERNHEIM JEUNE.

Fernand BRUNOT

M. Brunot, le Savant professeur et philologue, qui a étudié, avec une érudition jamais en défaut, l'évolution de la langue française, évolution qu'il a voulu continuer en se faisant l'apôtre de la réforme de l'orthographe. M. Brunot est l'auteur d'une magistrale introduction à « l'Histoire de la littérature française », de M. Petit de Julleville.

M. F. Brunot est maire du XIVe arrondissement.

MAIRIE
DU
XIV* ARRONDISSEMENT
DE PARIS
—

3 juillet 1916.

Monsieur,

Je crois, comme vous, que le nom des victimes et des héros doit être inscrit publiquement à des endroits où le souvenir de cette crise terrible s'impose à tous et pendant longtemps.

Mais il ne faut pas oublier que des intéressés voudront donner à ces inscriptions un caractère monumental. L'art, le faux surtout, en fera sa proie, et il faut compter avec tous ceux qui, au Parlement ou ailleurs, feignent de lui donner leur appui.

Il ne peut venir à personne l'idée d'empêcher d'élever à ceux qui ont payé pour nous tous les plus beaux hymnes de pierre et de bronze que l'on pourra. Seulement, il faut qu'ils aient partout quelque chose, de simple si l'on veut, mais d'éducatif, dont la sévérité même fasse la grandeur.

Et il faut qu'ils l'aient le plus tôt possible, que cette défense soit obligatoirement mise à la charge des communes.

Sinon, ah! sinon... J'ai une expérience personnelle là-dessus à vous communiquer. L'union patriotique du Rhône que je présidais, il y aura bientôt 30 ans, avait entrepris de doter chaque commune de la région d'une plaque commémoratrice. Nous la donnions. Or, nous avons mis plus d'un an et demi à obtenir les noms des morts, et certaines communes ne nous les ont jamais donnés!

Croyez, Monsieur, à mes sentiments les plus distingués.

F. BRUNOT.

Me CHENU
Bâtonnier de l'Ordre des Avocats.

Sa parole claire, précise, mordante, est une arme d'un redoutable métal, combat aussi avec la plume. Il ne montre pas moins de talent dans la presse qu'au Palais. Il a donné, à « l'Intransigeant », quelques-uns des articles de guerre, sur l'arrière, les plus sensés et les plus brillants, d'un polémiste et d'un moraliste rares ».

PARIS.
—

14 juin 1916.

Monsieur,

Je suis si bien de votre avis que je ne comprendrais pas que la « Reconnaissance Nationale » se bornât à aligner sur un carton les noms des morts pour la patrie pour exposer le tableau à l'intérieur d'une école ou d'une mairie, à côté de la loi sur l'ivresse ou des instructions sur l'échenillage.

Non : vous dites bien. Le marbre, et en plein jour, en grande lumière, avec le concours des communes, des corporations et groupements intéressés, des particuliers.

C'est à cette conception que j'ai adhéré : c'est elle que devra réaliser la Reconnaissance nationale. Si ce n'est pas là son objet, elle n'a plus de raison d'être. Et c'est le marbre qui sera content! Après avoir été déshonoré par de longues années de statuaire officielle, appliquée à meubler les places publiques d'obscurs bonshommes en redingote, être employé à perpétuer le souvenir de nos victimes : quelle splendide réhabilitation. Il s'offrira joyeusement au ciseau.

C'est bien, n'est-ce pas, ce que vous voulez ? Moi aussi.

Je vous prie d'agréer, Monsieur, mes sentiments les plus distingués.

C. CHENU.

Ch.-M. COUYBA

Sénateur, ministre, dont on sait le dévouement à la chose publique, et demeuré poète comme aux débuts de Maurice Boukay, son pseudonyme, dont la chanson d'amour était sur toutes les lèvres en fleur, du Chat Noir au Moulin de la Galette, il y a vingt-cinq ans... comme ses refrains de guerre aux bouches assombries d'aujourd'hui.

SÉNAT

—

30 juin 1916.

Mon cher Ajalbert,

Bravo ! Merci pour votre bonne lettre et pour votre articles aux vues si hautes et si larges !

Voici ma réponse. Depuis six mois, le Conseil municipal d'un petit bourg de la Haute-Saône, dont je suis Maire, Dampierre-sur-Sablon, a décidé, à l'unanimité, de donner aux rues et places de la commune les noms de ses enfants morts pour la France.

Au coin de chaque rue — autant que possible celle où habitait le soldat défunt — une plaque, un prénom, un nom, deux dates, celles de la naissance et de la mort, et ces quatre mots :   Mort au champ d'honneur !

Voilà pour le présent. Plus tard, nos enfants auront leur monument collectif, leurs tableaux d'honneur et leurs portraits à la mairie ; et c'est ici qu'interviendra utilement l'œuvre méritoire de la   Reconnaissance Nationale .

En attendant, la   Reconnaissance communale   s'est spontanément manifestée. Chaque commune doit honorer ses morts comme elle l'entend ! Et chaque province, ainsi que vous l'écrivez excellemment, trouvera la pierre, l'airain, le burin, pour glorifier ses héros, selon son génie propre.

Encore tous les compliments de votre vieux camarade.

CH.-M. COUYBA.

Georges COURTELINE

L'auteur du « Train de 8 h. 47 », des « Gaietés de l'Escadron », de « Messieurs les Ronds-de-Cuir », de « Boubouroche », de vingt chefs-d'œuvre de perfection française, le maître du rire, dans l'observation des ridicules nationaux et humains, et leur expression intense, que l'avenir pourra lire espérons-le, dans des éditions classiques, comme Molière et Rabelais, alors que nous aurons été condamnés à ne les connaître que dans les mauvaises éditions de la librairie banale où l'on présente les auteurs gais et les humoristes, de Pierre Veber et de Tristan Bernard à G. Courteline.

PARIS.

—

Mon cher ami,

Le projet Richepin est excellent, et le tien est encore bien mieux. Il est très grand, très émouvant, très noble, et je te félicite d'en avoir eu l'idée. D'ailleurs, l'un ne contrarie pas l'autre ; le carton n'empêche pas plus le marbre que le livre n'empêche le mur, et on n'en fera jamais trop.

Tout à toi.

G. COURTELINE.

Romain COOLUS

Président de la Société des Auteurs dramatiques, où l'ont porté aux honneurs vingt succès de pièces plus classiques que boulevardières, comme elles apparaissent aux spectateurs qui ne creusent pas

leur plaisir ; car l'auteur « des Amants de Sazie »
professait la philosophie au temps où la « Revue
Blanche » accueillait ses primes fantaisies poètiques.

16 juin 1916.

Mon cher ami,

*Je trouve votre projet excellent et je m'y associe de tout
cœur. Oui, « la Dette Nationale » doit être inscrite à tous
nos horizons, payable à vue, à tout instant, sans s'effacer
jamais, selon votre belle formule.*

*Je n'ajoute qu'un vœu au vôtre : c'est que le Parlement
décide que, tous les ans, un jour soit consacré aux héros
qui sont tombés en prenant « la Bastille européenne ».
Ce pourrait être le 15 juillet. Ce jour-là, dans toutes les
communes de France, les citoyens iraient en pèlerinage
lire sur les marbres commémoratifs les noms impérissables*

---

(1) Henri de Régnier, chroniquant dans le *Journal*
(7 août) sur la question de la DETTE SACRÉE (*Que fera la
France pour honorer ses fils morts en combattant ?*)
reprend l'idée de Romain Coolus :

« Parmi les problèmes de l'après-guerre dont la solution
préoccupe les esprits, celui-là se pose, le plus pathétique,
le plus douloureux. Que fera la France pour honorer ses
fils tombés à l'ennemi ? Comment reconnaîtra-t-elle la
beauté, l'utilité, la sublimité de leur sacrifice ? Comment
paiera-t-elle sa dette de reconnaissance, d'admiration et
de piété ?

« Un des nombreux journaux du front a récemment posé
la question à ses lecteurs. Une enquête a été ouverte dont
les réponses expriment toutes le même souci. En la feuille-
tant, j'y retrouve celle que j'écrivais à la vaillante petite
feuille. Je proposais que fût instituée — en dehors de tous
autres honneurs ou cérémonial par le bronze ou le marbre,
par le monument ou la parole — que fût instituée, dis-je,
une fête nationale des morts de la grande guerre, fête
silencieuse et grave, fête funèbre et taciturne, sans marques
extérieures, sans démonstrations, mais dont le jour fixé
des soldats tombés pour la plus sainte des causes dans la

plus héroïque des guerres. Et ceux qui en ont été les témoins, d'abord, puis dans l'avenir, les orateurs, les poètes, les historiens apprendraient aux générations nouvelles, devant les stèles dédiées au souvenir des martyrs du droit, quel exemple leurs aînés leur ont légué. Le 14 juillet leur rappellerait que c'est la France qui a conquis sur l'absolutisme monarchique les droits de l'homme et du citoyen; le 15 juillet leur rappellerait qu'avec les alliés elle a conquis sur l'impérialisme allemand les droits des peuples, petits ou grands. A votre tour, cher ami, que pensez-vous de ce projet ?

Mille amitiés.

Romain COOLUS.

serait tout entier consacré au souvenir de ceux qui ont donné leur vie pour la France.

« Et ce jour des morts, ce « jour des morts pour la Patrie », je voudrais qu'il fût choisi, non un jour d'automne ou d'hiver, mais de printemps ; je voudrais qu'il fût un de ces jours où la lumière est transparente et où le ciel est rajeuni en sa pureté nouvelle, un de ces jours où l'avenir prend le visage de l'espérance, car c'est une éternelle leçon d'espoir et d'immortelle vitalité qu'ils ont donnée, ces morts héroïques de la grande guerre, dont le sang n'a pas seulement arrosé le glorieux laurier qui ceint leur front, mais fertilisé le sol de la Patrie pour de futures moissons de justice et de beauté. »

Déjà le *Journal*, au cours de notre enquête, avait inséré la lettre suivante :

« Monsieur le directeur du *Journal*,

« Au moment où toutes les communes de France ont le louable orgueil de vouloir commémorer par des inscriptions indélébiles les noms des soldats morts pour la Patrie, il sera peut-être utile de vous signaler un procédé peu coûteux, qui rendrait cette commémoration facile même dans les plus pauvres villages.

« C'est dans l'église de Cap-Breton (Landes), et là seulement, que j'ai vu ce procédé employé, du moins en France.

Il y a dans cette église, fixées aux murailles latérales de la nef, une centaine de plaques de terre cuite sur

André CHEVRILLON

Essayiste pénétrant, en ses « Etudes anglaises », somptueux écrivain des « Terres Mortes », « Sanctuaires et Paysages d'Asie », « Crépuscule d'Islam », « Dans l'Inde », André Chevrillon, au-dessus des grossiers succès de l'exotisme à la mode, accomplit une œuvre haute, ressuscitant d'un verbe splendide les Indes millénaires, évoquant les mondes passés de la Judée au Maroc.

18 juin 1916.

Cher ami,

Comment voulez-vous que je discute votre idée? Elle est très belle ; elle s'impose du premier coup ; ce sera le monument de la France, et il faut qu'il soit éternel.

lesquelles ont été gravées profondément à la pointe, en écriture cursive, lorsque la terre était molle, les analyses sommaires de toutes les donations faites à cette église depuis plusieurs siècles. Chaque plaque est une brique épaisse d'environ trois ou quatre centimètres, haute de trente-cinq, large de quarante-cinq (je cite ces dimensions de mémoire). Ne serait-il pas très commode et très économique de graver de la même manière les noms des soldats morts, et d'y ajouter même, si on le jugeait à propos, tous les détails relatifs à leur décès, etc., etc. ?

« Vous remarquerez que ce procédé est précisément celui dont on faisait usage à Ninive, dans les temps anciens, et que la fameuse « bibliothèque » d'Assurbanipal, conservée aujourd'hui en grande partie à Londres, se compose d'une infinité de briques cuites de cette façon. Ce qui démontre que, si l'on prend soin de préparer la brique avec de bonne terre et si on la fait cuire convenablement, elle peut durer des milliers d'années.

« Recevez, je vous prie, monsieur, etc.

« G. HÉRELLE. »

C'est pourquoi votre dernier mot est si important : du marbre ou marmore perennius, — du bronze !

Bien cordialement à vous.

ANDRÉ CHEVRILLON.

COMMINGES

Maire de Clairvoix.

CLAIRVOIX
(OISE)

18 août 1916.

Cher Monsieur,

MM. Rostand et Richepin ont des idées lyriques et, par conséquent, peu pratiques. Les poilus se fichent pas mal d'avoir leurs noms inscrits sur une plaque de marbre, c'est évident.

Mais leur dévoûment et leur courage peuvent et doivent, même cette guerre finie, rendre service à la Patrie.

C'est en les dressant jeunes qu'on formera de bons Français. Rôle de l'éducation. Rôle des Instituteurs.

Ces derniers ont tout de même à mettre leur enseignement futur en accord avec l'exemple excellent qu'ils ont donné pendant la guerre, et, partant, en désaccord avec leurs théories d'avant-guerre.

C'est donc sur la maison d'Ecole, près de la porte de la maison d'Ecole, en un endroit bien visible, qu'une plaque de marbre doit être scellée. C'est là que seront gravés les noms des habitants du bourg, morts pour la Patrie.

Sur l'école, vaut mieux que sur la maison. La maison passe de mains en mains et peut disparaître. L'Ecole demeure. Elle aura toujours son instituteur. Celui-ci voudra, désormais, inspirer à ses élèves le culte de la Patrie, le respect de son armée, le dévoûment entier, absolu, joyeux au devoir représenté par le Drapeau.

Adressons-nous aux enfants si nous voulons avoir des hommes.

Jadis, on faisait la prière avant la classe. Pourquoi la lecture des noms des glorieux morts ne la remplace-rait-elle pas ?

....

La plupart des familles seront atteintes. Quelle impression profonde dans l'âme de ces enfants quand tous les jours les petits Sibien, Maupin, Foirest, Dechasse, Rollet, Delasalle, Luisin, Chédomme, etc... entendront : « Sont morts pour la Patrie : Sibien, Maupin, Foirest, Dechasse, etc... », leurs pères, frères, oncles, grands-pères...

Cela vaudra mieux que toutes les lectures de froide et rationnelle morale...

(MERCURE DE FRANCE, 1ᵉʳ septembre 1916.)

Paul DOUMER

M. Paul Doumer, dont on sait la carrière politique, ancien ministre, ancien gouverneur général de l'Indo-chine, sénateur de la Corse. J'ai critiqué ardemment quelques-unes de ses conceptions coloniales, trop systématiques; mais en rendant toujours hommage à son labeur considérable, à son esprit de décision; il savait communiquer sa fièvre d'action à tout le pays; son œuvre n'a pas été dépassée — et je le regrette encore ! Mais elle « a tenu » depuis quinze ans, justifiant ainsi qu'elle était capable de durée; car on ne saurait dire que les successeurs de M. Doumer aient eu comme objectif de la consolider...

M. Doumer n'imprimait pas que des directions politiques à la colonie; il lui apportait l'exemple d'une haute tenue morale, dans sa vie privée, avec la plus nombreuse famille; j'ai vu ces beaux enfants, il y a quinze ans, sous les rouges flamboyants de Saïgon; ils se sont trouvés au premier rang de la bataille : la mort a frapppé ..

SÉNAT.   18 juin 1916.
—

Cher Monsieur Ajalbert,

Vous avez raison, on ne fera rien d'assez beau, rien d'assez durable pour perpétuer la mémoire des morts glorieux de la guerre.

Ils ont donné leur vie pour que la France vive ; ils ont accru avec son patrimoine de gloire la dette de reconnaissance de l'humanité envers elle.

Ceux de nous qui subsisteront après la guerre, héros comme nos morts, acteurs de second plan ou simples spectateur du Drame, devront apporter l'hommage solennel de la Nation à ceux qui ont payé pour tous, aux meilleurs, aux plus chers...

Continuez donc votre apostolat, cher monsieur, prêchez ce grand devoir de demain !

Votre bien dévoué,

Paul DOUMER.

DAVID-MENNET

Président de la Chambre de Commerce de Paris.

CHAMBRE DE COMMERCE
DE PARIS
—   7 juillet 1916.

Cher Monsieur,

Nous ne saurions trop honorer les soldats qui sont tombés pour la défense de la Patrie. Ils sont notre gloire, notre gratitude pour eux est immense et nous avons le devoir d'associer les générations de l'avenir aux témoignages que nous leur rendrons en perpétuant le souvenir de leur héroïque et fécond sacrifice. J'approuve donc pleinement l'idée très heureuse que vous avez eue.

Veuillez agréer, Monsieur le Conservateur, l'expression de mes sentiments les plus distingués.

Le Président de la Chambre de Commerce de Paris,

DAVID-MENNET.

Pierre DECOURCELLE

Président de la Société des gens de Lettres, — dont l'œuvre scénique et romanesque a connu les plus gros succès de théâtre et de feuilleton populaire.

SOCIETE
DES
GENS DE LETTRES

—

16 juin 1916.

Vous avez raison, mon cher ami. C'est dans le marbre et dans la pierre qu'il faut graver les noms de nos enfants qui sont morts pour que la France vive.

La Société des Gens de Lettres (1), par deux fois, a

---

(1) Comme la Société des Gens de Lettres, d'autres ont déjà entrepris la commémoration directe de leurs Morts, ainsi que l'indique M. Guillot de Saix :

Mon cher Confrère,

Je m'intéresse vivement à l'œuvre du Souvenir dont vous vous occupez d'une façon si intéressante. J'ai été l'un des premiers, je crois, à proposer à la Société du « Souvenir littéraire » la commémoration annuelle — au *voulu leur affirmer son admiration et sa reconnaissance par la médaille que Maurice Barrès a fondée, et que reçoivent les familles de tous les écrivains morts pour la Patrie ; par la plaque de marbre où nous inscrivons leurs noms, et qui se dressera à la plus belle place de notre maison.*

Pour généraliser cet hommage, et qu'il s'élève partout jusque dans le plus humble village, vous voulez qu'il soit sans cesse sous les yeux de tous, de ceux qui restent et de ceux qui passent. Tous les Français seront avec vous pour provoquer cette belle réalisation. Si le concours de la Société des Gens de Lettres peut vous servir à la hâter, il vous est acquis d'avance, et nous y serons tous heureux et fiers que cette noble idée émane d'un des nôtres.

Très cordialement à vous.

PIERRE DECOURCELLE.

Capitaine Alfred DROIN

Le capitaine Alfred Droin, l'admirable poète de la « Jonque victorieuse », du « Sang sur la mosquée », qui disait ses vers, — préfacés, depuis par Lyautey,

jour des Morts — de nos écrivains tombés au champ d'honneur — devant le monument de Bartholomé, au Père La Chaise.

Nous étions déjà nombreux, l'an dernier, pour rendre ce pieux hommage qui comporte l'impressionnant appel des disparus; depuis, la lutte s'est accrue, hélas! et notre assistance, au mois de novembre prochain, s'augmentera de bien des personnes en deuil.

M. Edmond Rostand, dans une lettre admirable, a fort bien exprimé le sentiment général en désirant l'honneur fait durablement à chaque nom par une glorification quotidienne, familière, éternelle du plus humble...

Mais pour aider à cette œuvre de piété, ne faudra-t-il pas que chaque corporation en chaque arrondissement, en chaque ville réclame les siens? En ce qui nous concerne

— dans Fez assiégé; revenu, après s'être battu au Maroc, pour se battre de Charleroi à la Marne, supporte avec le plus rare courage une douloureuse et lente blessure :

Mon cher ami,

J'ai lu avec le plus vif intérêt votre article « La Reconnaissance Nationale ».

Nous sommes d'accord : les morts pour la patrie ont droit, eux et leur famille, à la Reconnaissance nationale.

Mais comment manifester cette reconnaissance ? L'initiative privée ne me semble pas suffisante. Il faut que le gouvernement lui-même, sur toute l'étendue du territoire, assure, aux braves qui sont tombés au champ d'honneur, l'immortalité due à ceux qui ont empêché la France de mourir.

Une loi pourrait seule garantir sans retard, sans oubli, la glorification unanime et sans fin des héros. L'hommage

particulièrement, nous autres écrivains, ne pourrions-nous diviser une liste déjà très nombreuse, trop nombreuse, par genres : auteurs dramatiques, poètes, romanciers, critques, journalistes. Je voudrais que chacune des grandes associations réclamât, même si le disparu qui faisait profession d'écrire pour le théâtre, la revue, le livre, le feuilleton ou le quotidien, ne lui appartenait pas effectivement, l'honneur d'écrire son nom désormais glorieux au livre d'or de ses membres. Par exemple, tel auteur qui ne faisait pas partie de son vivant de la Société de la Rue-Henne, serait inscrit d'office parmi les sociétaires, après accord avec les héritiers qui n'y trouveraient que satisfaction et profit. La Société des Gens de Lettres, celle des Poètes, l'Association de la Critique agiraient de même...

Nous avions demandé aussi pour les écrivains morts les honneurs d'une plaque de marbre au Panthéon. On ne saurait trop glorifier ceux-là qui ont donné leur vie et toutes leurs espérances personnelles pour nos vies et l'universelle Espérance.

GUILLOT DE SAIX.

du hameau ou de la cité ne ferait que s'ajouter à celui de la Patrie.

Rien ne serait plus simple que de graver à l'endroit le plus en vue, sur la façade de chaque mairie, dans le plus petit village, comme dans la plus grande ville, le nom des soldats qui y sont nés et que nous pleurons aujourd'hui.

Le vélin, si beau soit-il, le registre d'or déposé dans la maison municipale ne seront qu'un honneur timide et imparfait. Le souvenir de nos glorieux morts doit être un enseignement perpétuel, attaché à un monument durable et officiel, sous les yeux de tous.

L'inscription que je souhaite serait simple : le nom, le grade. Il faudrait pourtant la compléter de la mention : engagé volontaire, pour les héros presque enfants, qui ont, comme votre fils, devancé l'appel du pays ; et pour les patriotes qui, ayant dépassé l'âge de servir, ont quand même rejoint les rangs des combattants, leur sacrifice mérite une palme particulière.

ALFRED **DROUIN**.

Léon DUROCHER

Barde de la petite patrie bretonne, poète chansonnier de la grande Patrie en danger, fut le condisciple d'Aristide Briand, au lycée de Nantes, en philosophie, avant de devenir le secrétaire du Bon-Bock, le président du Moulin-à-sel, le directeur du « Fureteur breton », grand organisateur de fêtes populaires au pays d'Armor ; ses « Cloches de Guerre » sonnent dans les tranchées, où le 4ᵉ de ligne, auquel il a appartenu, répète en Argonne glorieusement le refrain de « Mon ancien régiment ».

PARIS.

—

25 juin 1916.

Cher et ferme individualiste,

Oh! oui, combattez cette négation de l'art, de l'initiative, de la piété polymorphe. Le passe-partout commémoratif, le Panthéon en tablettes mobiles, l'uniforme imposé aux fantômes glorieux par le Magasin des Cent Mille Linceuls, c'est la Mort de la vie posthume, ou anthume.

Il faut que chacun vive, ou survive, à sa manière ou selon le génie des hommes et des lieux. Demandez au Maire de Montfort-l'Amaury, ce qu'il en pense ? Il vous dira que l'autre dimanche, pour l'anniversaire du Parson, les transfuges d'Armor apportèrent des offrandes florales au monument de la Reine Anne, devant qui furent prononcés les noms des héros tombés pour la plus sainte des causes. Ces noms, j'imagine, fleuriront en lettres d'or parmi la verdure du Ménez-Tour... Que l'on fasse autre chose ailleurs! Chacun pour soi! Pas de monopole, pas de truc (même désintéressé)! Le tableau-type entraînerait le discours-cylindre, l'hommage du phonographe... Et puis beaucoup de sculpteurs sont dans la glaise des tranchées : ce serait de l'ingratitude d'exprimer la gratitude nationale en leur absence.

A vous et avec vous.

LÉON DUROCHER.

Paul ESCUDIER

Paul Escudier, député, après s'être fait longtemps, au Conseil municipal, l'interprète des artistes pour la conservation de la beauté de Paris, continue à la Chambre de leur prêter son appui infatigable.

CHAMBRE DES DEPUTES

—

Paris, le 22 juin 1916.

Cher Monsieur,

J'avais lu votre si intéressant article ; et déjà, il .y a quelque temps, j'avais songé à déposer une proposition qui fut signée par un grand nombre de mes collègues — tendant à glorifier nos morts et nos héros. Je vous envoie sous pli un exemplaire de ma proposition concernant l'institution du Mémorial de la guerre déposé au Panthéon. *La Commission n'en a pas encore délibéré... Mais le carton — comme vous le dites — n'exclut pas le marbre, au moins symbolique, car comment inscrire tous les noms dans les agglomérations ?* (1)

Mais par quartiers, places, rues, maisons...

Voici la proposition de loi :

Article premier. — *Il sera établi, selon les documents authentiques, par les soins des ministres de la guerre et de la marine un Mémorial de la Guerre. Ce recueil renfermera la liste des combattants tombés au champ d'honneur.*

Art. 2. — *Il sera également établi une liste des citations à l'ordre du jour.*

Art. 3. — *Ces deux recueils seront déposés au Panthéon dans un monument édifié à cet effet.*

Art. 4. — *Des extraits seront déposés chacun en ce qui le concerne, dans les chefs-lieux de département et d'arrondissement et dans les archives communales.*

Art. 5. — *Les familles des victimes et les bénéficiaires des citations à l'ordre du jour recevront des feuilles individuelles du Mémorial avec la mention :   Inscrit au Mémorial du Panthéon.*

Salut et fraternité française et sincère.

Paul ESCUDIER.

---

(1) Mais par quartiers, places, rues, maisons...
Le *Mémorial du Panthéon* pourra être le répertoire de contrôle, le siège social de la *Banque de la Gloire,* conservant les titres, dont les inscriptions communales seront les coupons prestigieux, sans amortissement possible...

Abel FAIVRE

Précis et vigoureux, son dessin s'arrête à la « déformation » facile, dont abusent trop d'artistes. Il demeure véridique, plus près du portrait que de la caricature. Et ses solides légendes sont de réalité plus que de fantaisie ; son œuvre de guerre, dans sa collaboration à « l'Echo de Paris », prouve un talent de plus en plus solide et dégagé :

30 juin 1916.

Mon cher Ajalbert,

Je pense avec vous que le témoignage de notre reconnaissance envers ceux qui sont tombés en combattant doit être le plus noble et le plus émouvant possible. Et je crains que ce but ne puisse être entièrement réalisé par l'honorable Comité qui vient d'ouvrir ses « Galeries » et nous propose ses modèles.

Les Municipalités gênées ou ignorantes dans la manifestation de leurs sentiments trouveront là, paraît-il, comme dans le « Parfait Secrétaire de la Correspondance », les formules de la reconnaissance et les moyens économiques de les exprimer.

Mais la Reconnaissance est un sentiment bien tendre pour subir la contrainte d'une organisation.

Peut-être que les plus humbles villages de France préféreront au tableau d'honneur « omnibus » adressé sur demande , quelque chose ne figurant pas au catalogue, qu'ils auront trouvé dans l'imagination de leur cœur.

Bien amicalement.

ALBERT FAIVRE.

Gabriel FAURÉ

Directeur du Conservatoire, le délicat et suave musicien de tant d'adorables mélodies où le vague

à l'âme et le clair obscur de la poésie et de la peinture les plus nuancées se marient de la plus savoureuse manière :

CONSERVATOIRE NATIONAL
    DE MUSIQUE
    ET DE DÉCLAMATION
        —

19 juin 1916.

*Oui, cher ami, vous avez dit le mot :   Au pays natal »,
dans le vent et le soleil   afin que les petits enfants puisent
épeler leurs noms.*
Mille amitiés.

GABRIEL FAURÉ.

Louis FOREST

Esprit agile, qui connaît la France dans tous
les coins. Il se préparait à « l'histoire », en Sorbonne, quand il a versé dans le journalisme.
Il a écrit des romans de la revanche, avec Th. Cahu,
fait jouer des vaudevilles, des féeries. A la tête du
« Club des Cents », il a entrepris l'exploration des
auberges loyales et des caves authentiques. Mais
Louis Forest avait d'autres soucis que la bonne
chère, comme on peut voir :

SAINT-GERMAIN-EN-LAYE
        —

16 juin 1916.

Cher ami,

*Aux États généraux du Tourisme, à la Sorbonne, avant
la guerre, nous avions pris la décision de travailler ferme*

à réveiller l'histoire locale. Nous voulions redonner à chaque patelin la fierté de sa vie propre. Divers projets avaient été étudiés. Nous voulions que le moindre village honorât ses grands morts. Nous allions jusqu'à vouloir faire peindre sur les noms des gares l'histoire de la localité. Vous imaginez, après ce préambule, que votre projet ne peut que me plaire. Il est la réalisation d'une partie de notre grand programme. Les Japonais ont le culte des anciens. Ils y puisent une grande force, parce qu'ils y puisent de la fierté. Il n'y a qu'avantage à faire comme eux; et je suis de tout cœur pour votre idée d'honorer bien les morts, parce que c'est la meilleure façon d'éduquer les vivants.

Louis FOREST.

Maurice de FERAUDY
de la Comédie-Française.

L'artiste créateur de tant de figures inoubliables de la comédie contemporaine, souhaite aussi, comme Me Chenu, que le marbre se réhabilite à l'usage des héros :

15 juin 1916.

Cher Monsieur,

Comme votre idée m'a ému ! Oh ! oui, comme ce serait bien de trouver plus tard à chaque minute, à chaque pas, le souvenir de ceux qui ont donné leur sang pour que la France continue. Le marbre qu'on viole souvent pour peu de chose servirait à quelque chose de splendide, car en même temps, on n'oublierait personne, ni les nôtres, ni les bandits, ni leurs actes.

Réussissez ! Ce sera la belle action !

DE FERAUDY.

Paul FORT

Le prince des poètes, l'auteur des Ballades, dont les « Poèmes de France » composent un bulletin lyrique de la guerre, adorable et fervent, qui console des bardes officiels préposés aux armées !

16 juin 1916.

Mon cher ami,

Oui, c'est une idée magnifique, bien digne du poète que vous êtes resté, — du poète que vous êtes. Nul doute qu'elle ne soit, partout en France, accueillie avec la plus grande faveur.

Croyez, mon cher ami, à ma profonde estime de pensée, et à mes sentiments les plus cordiaux.

PAUL FORT.

Paul GAULTIER

Psychologue, philosophe, moraliste, exerce une grandes influence sur les jeunes générations. Après avoir exposé dans le « Sens de l'Art » les règles d'une esthétique nouvelle tout entière fondée sur l'émotion de l'artiste et du spectateur, il a, dans « le Rire et la Caricature », « Reflets d'Histoire », montré tout ce que l'œuvre d'art, fût-elle la plus légère, exprime de choses. Mais ce n'était qu'un prélude à son œuvre morale. Dans « l'Idéal Moderne », M. Paul Gauthier a fait la synthèse et la critique des aspirations de notre temps, en même temps qu'il dégageait sa pensée intime dans la « Pensée contemporaine ». Soucieux d'amélioration sociale, M. Paul Gaultier a, enfin, étudié les « Maladies sociales » et leurs remèdes, cependant qu'il se faisait l'apôtre dans la « Vraie Education » d'une formation de l'intelligence, du cœur et de la volonté contre l'automatisme d'une instruction superficielle qui croit suffire à tout.

Dernièrement, M. Paul Gaultier, chez qui la liberté d'esprit le dispute à la pénétration, publiait, sous le titre « la Mentalité allemande et la guerre », une précieuse analyse de la psychologie de nos ennemis, psychologie qui reste incompréhensible à ceux qui n'en ont pas étudié les causes comme M. Paul Gaultier a su le faire.

VERSAILLES

—

24 juin 1916.

Mon cher ami,

Je suis, de tous points, d'accord avec vous : du marbre et point de papier.

On pourrait édifier un cloître — ouvert sur un jardin — et sur les parois duquel seraient gravés en lettres d'or les noms des héros.

Il faudrait faire de ce cloître un endroit clair et gai, où pourraient venir jouer les enfants, ces enfants qui ne doivent pas oublier ceux qui sont morts pour leur faire une France plus grande et plus prospère.

PAUL GAULTIER.

———

GRUNEBAUM-BALLIN

Président du Conseil de Préfecture de la Seine; Commissaire au Contentieux du Quartier général des Armées d'Orient.

SALONIQUE

—

6 juillet 1916.

Cher Monsieur,

J'ai lu votre article. Je suis absolument de votre avis. Point d'annuaires ou de « Livres d'or » qui, commé vous le dites, favoriseront au début quelques éditeurs spéculant sur les douleurs encore fraîches et s'en iront ensuite dormir dans la poussière d'une armoire. Il faut des commémorations durables, apparentes, publiques. Votre projet me paraît tout à fait excellent. Et, comme vous le dites très bien, l'initiative privée ne peut, à elle seule, assurer ce grand service public de la reconnaissance nationale envers les morts. Il faut que les pouvoirs publics interviennent. Comme je suis habitué professionnellement aux précisions juridiques, je vois déjà votre idée réalisée sous la forme d'un projet de loi où d'une proposition de loi qui pourrait être ainsi conçue :

« Sont inscrites parmi les dépenses obligatoires pour les communes aux termes de l'article 136 de la loi du 5 avril 1884 les dépenses nécessitées par l'établissement et l'entretien des plaques commémoratives destinées à rappeler le souvenir des habitants de la commune morts sous les drapeaux pendant la guerre 1914-191...

Ces plaques seront apposées sur les murs de la mairie à moins qu'il ne soit fait choix d'un autre emplacement par délibération du Conseil municipal approuvée par le Préfet.

Des subventions pourront être accordées par l'Etat ou par les départements, soit au moyen de leurs ressources propres, soit au moyen de fonds versés à cet effet par des particuliers ou des associations pour concourir aux dépenses mises par la présente loi à la charge des Communes. »

Vous trouverez sûrement un législateur que votre idée séduira et qui se chargera de la traduire en un texte définitif.

J'insiste sur ce qu'a de vague et volontairement élastique, la formule : « Morts sous les drapeaux ». Il ne faut pas distinguer entre ceux qui sont morts glorieusement sous la mitraille et ceux que la maladie a terrassés tandis qu'ils étaient exposés aux fatigues du service sous un climat parfois dangereux. L'armée d'Orient sait que cette distinction serait injuste. Le cimetière de Zeitentik compte déjà de trop nombreuses tombes.

Croyez à mes sentiments les plus cordialement dévoués.

GRUNEBAUM-BALLIN.

Gustave GEFFROY

Historien de ce chef-d'œuvre « l'Enfermé », l'auteur de la « Vie Artistique » où l'on a réuni trente ans de critique d'art divinatrice, où il a découvert, soutenu les maîtres méprisés, aujourd'hui triomphants; directeur des Gobelins, y a accompli la révolution dont s'imprègnent ses écrits, en appelant les Chéret, les Willette, les Anquetin, les Jean Veber, les Raffaëlli, à travailler pour la « Tapisserie », tentative couronnée de succès, qui aura ouvert une voie nouvelle et dicté les devoirs de l'Etat, qui sont de fournir aux écoles contemporaines les moyens de se produire, et d'ajouter leur page à l'histoire, au lieu de resserrer ses manufactures à la sempiternelle répétition du passé... Gustave Geffroy a écrit, aussi, « La Bretagne », « Pages d'Ouest », « l'Apprentie », fondé le Comité des Lettres, au bénéfice des écrivains victimes de la guerre.

PARIS.

—

26 juin 1916.

Mon cher ami,

Je ne puis qu'approuver les termes de ton article sur la « Reconnaissance Nationale ». Tu as tout dit, et bien

dit de ce grand et poignant sujet. Plutôt qu'un seul monu-
ment pour tous, il faut les noms de tous sur le marbre,
à la façade de tous les Hôtels de Ville, de toutes les
Mairies, dans toutes les villes, tous les villages de France,
la vie du présent et de l'avenir à jamais confondue avec
le souvenir du passé.

GUSTAVE GEFFROY.

Etienne GROSCLAUDE

Il fut directeur du « Journal » au début de la
guerre, n'écrivant plus que trop rarement, après tant
d'années de chronique étincelante, d'un clair esprit de
lignée française, qui amusait la foule, mais ravissait
le lecteur moins facile. Car, il n'y avait pas que de la
fantaisie, de l'idée aussi, souple, ingénieuse et variée.
Quelle surprise, dans la presse, au déclin de Scholl
et de Rochefort, avec Capus, Fouquier, Mirbeau,
Bergerat. Alphonse Allais, vingt autres, du temps
des journalistes... Mais Grosclaude n'était pas qu'un
homme d'encrier : il partit à travers le vaste monde,
et Madagascar lui fit oublier le boulevard, mais non
point la France, qu'il a servie, depuis, par l'action,
comme il l'avait honorée par ses écrits.

PARIS.

—

19 juin 1916.

Mon cher ami,

Tout ce qu'on se propose de faire, tout ce qu'on s'ima-
gine comme témoignage de gratitude envers ceux qui ont
donné leur vie pour sauver notre pays et pour défendre

la civilisation est au-dessous de ce qui leur est dû.
Il n'y aura jamais assez de marbre pour perpétuer tant de splendeur.
Je vous serre la main.

E. GROSCLAUDE.

Maurice GUILLEMOT

Romancier et critique d'art, a dépensé le talent le plus souple en milliers d'articles droits et discrets, qui lui valurent l'estime des lettrés, tandis que les incompétences règnent sur la foule, les Salons et les Ateliers :

NEUILLY
(SEINE)

—

25 juin 1916.

Mon cher ami,

Oui, il faut qu'on se souvienne toujours, et que la glorification de nos morts mette éternellement au pilori les assassins d'Outre-Rhin. On prépare de ci de là, dans certaines Municipalités, des Livres d'or, mais ça ne sera là que pages éphémères et privées, volume acheté et conservé par les familles des disparus, archives de deuil que ne connaîtra pas tout le public dont il ne subira pas l'obsession salutaire, la hantise vengeresse. La plaque de marbre noir dans un vestibule de mairie ou d'administration n'est pas en vue non plus pour tout le monde, c'est un hommage local, officiel et restreint. Aussi votre projet est-il vraiment le seul pouvant remplir le but poursuivi : « C'est à la pleine lumière, dans le vent et le soleil, où ils sont nés, où ils ont vécu, où ils se sont battus, que doivent survivre par des nomenclatures héroïques, nos Morts sanglants de tout à l'heure, d'aujourd'hui, de demain... » Dans tous les champs de France et de Belgique, à la place

*de ces pauvres petites croix de bois qui déjà s'effritent,
il faudrait, à des milliers d'exemplaires, le fronton du
Panthéon de David d'Angers, avec cette devise : « A ses
défenseurs, la Patrie reconnaissante. »*

Bien cordialement à vous.

Maurice GUILLEMOT.

Paul GINISTY

Critique littéraire de l'ancien « Gil Blas », ne s'est
pas spécialisé dans tel ou tel compartiment de la
littérature. Curieux de la « petite histoire » a publié
nombre de volumes anecdotiques. Fut directeur de
« l'Odéon », avec, puis sans Antoine. Chroniqueur
averti de l'actualité, fut tout premier à se préoc-
cuper de la commémoration des « Combattants
morts pour la Patrie », parmi lesquels devait tomber,
glorieusement son fils, le lieutenant Pierre Ginisty,
gendre de M. Adolphe Brisson, — jeune avocat-
écrivain à qui son talent aisé ouvrait justement les
portes du succès...

Paul Ginisty a formulé son opinion en divers
articles :

*Encore une fois, on ne saurait que louer l'initiative de la
« Reconnaissance nationale » qui est toute désintéressée.
Mais nous nous demandons si, au lieu de faire ce don aux
communes, il ne serait pas préférable qu'elle les encoura-
geât et les aidât dans leurs propres manifestations, de
sorte que chacune d'elles pût saluer ses héros avec la
dépense de tout son cœur et comme elle comprendrait que
ce salut dût leur être adressé. Peut-être des ideés naïves
seraient-elles profondément touchantes.*

Sous quelle forme que ce soit, des tableaux d'honneur,

à la Maison municipale. Mais cet hommage même suffit-il?
Avec une chaude éloquence, M. Jean Ajalbert développe
une autre idée, dont la beauté ne peut que rallier tous
les suffrages. Les noms des morts, il les voudrait gravés
« à la pleine lumière et dans le soleil », en une suite
d'ex-voto, partout où ils sont tombés, partout où ils ont
vécu. « Il faut que, à travers les siècles, leur image formidable obsède la postérité, trop encline à l'oubli. » Non plus
un monument avec lequel on s'acquitte trop facilement
encore d'une dette d'admiration, mais des inscriptions
répétées à un coin de route, sur un rocher, sur quelque
portail, sur la jetée d'un port, sur une fontaine, sur une
borne, dans les champs comme dans une promenade. Oui,
qu'on soit hanté de ces noms, qu'on les rencontre partout,
qu'on soit forcé sans cesse de communier avec ceux-là qui
ont sauvé la patrie ! Qu'on ait à se rappeler perpétuelle-
ment, par ces rencontres, non pas funèbres, mais consti-
tuant une apothéose, que si ces fils de France n'avaient pas
opposé le rempart de leur poitrine à l'invasion, la vie
serait intolérable. L'idée de M. Ajalbert est une idée de
poète; mais, loin de vouloir dire par là qu'elle est irréa-
lisable, nous voulons exprimer, en nous servant de ce
mot, qu'elle a la grandeur qui convient à des événements
prodigieux.   (PETIT MARSEILLAIS, 19 juin 1916.)

Cependant, tandis que se développent ses projets désin-
téressés ou empreints d'une grave poésie, tous les Conseils
muncipaux ont reçu un prospectus dont nous avons eu
un exemplaire entre les mains. Il dénote, sans doute, une
entente commerciale remarquable, mais il a une façon
d'offrir la glorification de nos héros qui nous a paru
singulière et même un peu choquante, en mêlant au
dévouement sublime de nos fils l'éloge d'un produit indus-
triel. Il faut que tout le monde vive — même ceux qui
vivent de la mort — et on comprend que chacun fasse son
métier. Encore y a-t-il la manière. Ce prospectus propose
aux municipalités un monument d'un modèle uniforme qui
vaudrait, dit-il, une somme considérable, mais qui sera
réduit aux conditions les plus douces, payable en trois

*fois. Il y a même une prime, selon le procédé de quelques
maisns de vente à crédit. « Au cas où le monument serait
destiné à un cimetière, on ajouterait une croix de bronze. »
Une simili-pierre, mas quel simili ! Il remplace avantageusement la pierre dure naturelle, et « donne toute
satisfaction, en permettant de réaliser une appréciable
économie ». Pourquoi ? « Parce que l'excellence du produit
provient surtout du choix des matières premières, de leur
trituration énergique et de la surveillance des manipula-
tons qui assurent sa cohésion. » Et c'est de nos morts, de
nos grands morts qu'il est question ! Il y a là une brutalité
qui déconcerte. Le sculpteur — plus marbrier que
sculpteur — qui propose leur apothéose à forfait s'est-il
rendu compte de l'impression de malaise causée par ce
moyen de « faire l'article » pour son œuvre ? Pas de
phrases superflues, pas d'émotion inutile ; il va tout de
suite au but, qui est de placer sa marchandise, et de réaliser
une vaste opération sur les cendres des admirables soldats,
frappés face à l'ennemi.*

*Outre qu'on n'imagine guère ce modèle reproduit, d'une
façon identique, sur toutes les places de nos villages, les
communes ne voudront pas expédier, au plus juste prix,
ce témoignage de piété envers leurs morts. Elles tiendront
à honneur d'y apporter leur sentiment personnel* (1).

(L'INFORMATION, 1er juillet 1916.)

(1) Le *Temps*, sur le même sujet :

MONUMENT « OMNIBUS ». — Un sculpteur qui s'est
spécialisé dasn la production de monuments commémoratifs a conçu un plan qui va le rendre célèbre, en fournissant aux moindres bourgades le moyen de glorifier leurs
morts à bon compte par l'édification d'un haut-relief
s'appliquant indifféremment contre un mur, sur un rocher,
dans le décor d'un bosquet ou d'une place publique, et
représentant une femme — la France — appuyée sur son
épée, regardant se lever à l'horizon le soleil où luit le mot
« Liberté » et posant une palme sur un entablement où le
maître maçon du pays n'aura plus qu'à graver les noms
des mobilisés tués à l'ennemi.

L'idée qui se dégage de ce sujet est mise évidemment à

HERRIOT

Maire de Lyon.

Le premier Maire de France, le Sénateur Herriot, en qui Lyon a trouvé le représentant le plus capable, par l'intelligence et par le cœur, de présider à ses destinées sociales et morales. Comme orateur, comme écrivain, Herriot a conquis la plus légitime renommée. Comme organisateur, il a donné le branle à des œuvres considérables. L'exécution n'est pas distante chez lui de la conception. Pendant que Paris en est encore à la délibération, pour remplacer la **foire de Leipzig**, Herriot a ouvert la foire de Lyon. Il a toute clarté de l'esprit, où mille projets s'ordonnent, sans encombrement, attendant l'heure... Mais, cet admirable chef, ce qui le caractérise, surtout, c'est que la politique n'a pas corrodé sa sensibilité. Il a gardé toute foi dans l'humanité meilleure. Il porte d'un cerveau robuste le labeur le plus incessant, le plus

la portée des intelligences les plus rebelles ; même si l'on songe à la multiplication de l'œuvre que son auteur appelle déjà « le Monument des communes de France », à ces trente-six mille femmes considérant le même soleil et inclinant la même palme, on y découvrira l'éloquent symbole de l'unité de nos cœurs. Les esprits mal faits et les touristes mécontents de se heurter partout à cette représentation sculpturale pourraient seuls l'assimiler au tableau du monsieur poli, quoique furieux, qui, le long des voies ferrées, nous adjure de regarder sa lampe, et à l'insidieuse pancarte du chocolat qui n'a pas de prénom.

Quoi qu'il en soit, l'entreprise du statuaire est en voie d'exécution. Une brochure adressée à tous les maires leur démontre son importance et sa beauté, en insistant notamment sur l'excellence de la matière choisie : *la pierre de Lorraine agglomérée,* autrement dit du ciment « qui remplace avantageusement, dans bien des cas, la pierre dure naturelle », qui se prête on ne peut mieux à la fabrication par quantité et qui permet de livrer ce beau relief, avec son entablement en marbre, dans n'importe quel hameau de France, au prix incroyable de ... francs. De plus, comme cette modique somme pourrait grever assez lourdement le budget de certaines communes, ingrat, sans que les âpres contingences aient froissé la libre délicate de l'idéal. La question de la R. N. ne pouvait pas le prendre au dépourvu :

LYON

—

17 juin 1916.

Mon cher Ajalbert,

Le problème que vous posez m'a préoccupé ! J'en ai tant perdu de mes Lyonnais ! Ceux de 1870 étaient quelques-uns ; leurs noms demeurent fixés en traits d'or sur un marbre noir, dans la cour de notre hôtel de ville. Mais ceux-ci ! Ne pouvant rassembler leurs dépouilles en nos cimetières, j'avais songé à créer pour eux une sorte de jardin funèbre, sur un coteau, au centre de la ville. Un beau dessin; de vieux arbres qui sont là ; des fleurs ; pour chaque famille, un coin de terre, qu'elle eût orné à sa façon; au sommet un grand monument simple, une

l'entrepreneur leur accorde la faculté de payer en trois fois, dans le délai de deux ans, et il ajoute : « Ce crédit est la plus sûre garantie de l'inaltérabilité de la matière aux intempéries du temps. »

L'affaire se présente d'abord sous le patronage du « Souvenir français », comme l'indique une lettre signée, un peu imprudemment, il nous semble, par le président et le secrétaire général de cette association, et accompagnée de la liste des membres du conseil d'administration comprenant tous les ministres, au titre de présidents d'honneur, avec une infinité de personnages éminents, parmi lesquels nous remarquions le vicomte E. Melchior de Vogüé, de l'Académie française, qui, s'il n'était pas mort, protesterait sans doute contre l'usage qu'on a fait de son nom.

Des incitations adroites se joignent à la circulaire du « Souvenir français » et à l'exposé du metteur en œuvre. Celui-ci, bon psychologue, a dû constater que les conseils municipaux répugnent aux besognes qui exigeraient du temps et de la réflexion. Il a préparé alors le modèle de la délibération qui devra être soumise au préfet et du contrat qui sera passé entre la commune et lui. Les conseillers n'ont plus qu'à signer ; ils signent, et le marché est

Victoire à l'antique... L'idée semble avoir étonné. J'hésite moi-même à la poursuivre. Qu'en pensez-vous ?

Mais sur la terre même de la lutte, il faudra perpétuer aussi le souvenir. En vous écrivant, je me rappelle qu'à Desenzano, sur la rive du lac de Garde, clouée à quelque mur familier, une plaque de marbre blanc que le soleil incendie perpétue le nom des braves, des prodi morts pour que l'Italie fût libre. Il me souvient que j'ai passé toute une heure à la regarder.

Que votre piété nous aide ! Je cherche la formule sans l'avoir trouvée. Dès que je la rencontrerai, je l'adopterai de plein cœur.

Fraternellement,

HERRIOT.

----

conclu... Qu'on vienne prétendre encore que nous n'avons pas ce suprême génie de l'organisation dont les Boches sont si fiers !

L'innovateur du monument projeté leur en remontrerait. Il a tout combiné, tout prévu — sauf l'insuccès. Il ne s'est pas dit que les gens de nos provinces, plus indépendants et mieux avisés, pourraient bien ne pas se plier à cette discipline toute germanique et à l'affreuse unformité qui en résulterait. Il n'a pas songé que le sous-secrétaire d'Etat aux Beaux-Arts pourrait avoir quelque influence sur les décisions des conseils municipaux en les mettant en garde, comme il ne peut manquer de le faire, contre des adhésions précipitées. Il est le défenseur naturel de la beauté de nos paysages, et il ne saurait se désintéresser d'un projet qui la menace de façon si grave.

Honorons nos morts avec moins de hâte. Ils peuvent, sans y rien perdre, attendre nos couronnes ; la guerre n'est pas finie. Les conseillers municipaux peuvent tout à loisir réfléchir aux moyens les meilleurs de perpétuer la mémoire de nos héros tombés pour la Patrie. Et qui sait s'ils ne seront pas amenés ainsi à confier plus tard à un jeune artiste de leur région, revenu du front, la tâche d'exprimer des sensations personnelles avec le respect de l'art si fâcheusement offensé par le monument omnibus. — *A. D.*

Jean HENNESSY

Député de la Charente.

Son activité ordonnée s'est souvent et heureusement manifestée, depuis la guerre, à d'utiles projets, comme la création des sous-secrétariats à la guerre : la décentralisation pour la suppression des départements, la constitution des régions, etc...

CHAMBRE DES DEPUTES.

—

Monsieur,

Je crois votre idée excellente ; il faut, pour honorer nos morts, graver leurs noms dans une noble matière, du marbre ou du bronze, en plein champ, sur les lieux où la bataille a sévi.

Il est aussi des héros dont les noms demeureront inconnus et pour ceux-là il faudra dresser une belle image de la Patrie.

Agréez, Monsieur, l'assurance de mes sentiments distingués.

JEAN HENNESSY.

Abel HERMANT

« Ecrivain français », pourrait-on se borner à dire ; car, à travers l'œuvre la plus abondante et la plus variée, de « Nathalie Madoré » à ses « Pages de Guerre », en passant par les « Confidences d'une Aïeule et le « Cadet de Coutras », l'auteur, encore, de « la Carrière » est de ceux qui ont le plus strictement servi, maintenu le français contre toutes les invasions ergotiques ou étrangères. Il sait être le plus

moderniste, le plus à l'heure de notre époque et de
ses modes, sans besoin de recourir aux vocables
éphémères du moment; les ressources linguistiques
de nos grands siècles lui suffisent ; il n'en a pas que
la lettre, mais l'esprit; aussi, c'est peut-être ce qui
l'a empêché jusqu'à présent, d'être appelé aux travaux du Dictionnaire sous la Coupole.

PARIS.

—

25 juin 1916.

Mon cher ami,

*Comment pourrait-on différer d'opinion sur de tels
sujets? Je pense, de la « Reconnaissance Nationale », ce
que vous en pensez vous-mêmes, et vous l'avez dit, bien
mieux que je ne saurais faire, dans votre excellent article,
auquel je souscris de tout mon cœur.*
Toujours bien sincèrement à vous.

Abel **HERMANT**.

Léon HENNIQUE

« Des soirées de Médan », à « l'académie de Goncourt », l'auteur de « Pœuf », d' « Un caractère »,
de la « Mort du duc d'Enghien », l'une des plus grandes
soirées du « Théâtre Libre », a mené la vie d'un
homme de Lettres, tout entier aux Lettres, à la
manière d'un Goncourt, — c'est-à-dire loin des offi-
cines où se fabrique la grosse et banale renommée;
aussi n'est-il pas de ceux dont l'œuvre, infiniment
distinguée, fasse gémir les rubriques de la Presse.

Mon cher ami,

*Un ou deux mots sur votre article « la Reconnaissance
Nationale » : il est bien; nous devons perpétuer la mémoire*

de nos Morts pour la Patrie. Qu'ils le soient dans les mairies, dans les écoles dans chaque ville et dans chaque village de France, sur tel et tel monument public; mais, sacristi ! pas dans les théâtres, dans les lieux de distraction qui parfois ne valent guère mieux que des lieux d'aisance. Beaucoup de familles ne le voudraient pas, d'ailleurs, pour leurs morts. Moi, je suis pour un monument colossal, un Panthéon, un lieu de pèlerinage, élevé en plein ciel, sur une montagne, dans un des départements où l'on s'est battu.

Bien affectueusement vôtre.

LÉON HENNIQUE.

Paul-Louis HERVIER

Paul-Louis Hervier a voyagé en Extrême-Orient, comme tout le monde, et ce qui est plus rare, en Europe ; il semble que la Cour de Berlin n'ait pas de mystères pour lui ; ses chroniques de la « Nouvelle Revue », réunies en volume, rapportent les traits les plus piquants sur le kaiser, le kronprinz.

En quelques lignes, M. P.-L. Hervier soulève la grave question du TEXTE DES PLAQUES FUNÉRAIRES.

PARIS.

—

19 juin 1916.

Mon cher Confrère,

L'idée de la Reconnaissance nationale est bonne. La vôtre est meilleure encore : vous demandez des noms, des dates et l'endroit fatidique. Pourquoi pas :   et la profession ? (1)

(1) En effet, il conviendra de surveiller la rédaction, de ne pas laisser à des improvisations, parfois malencontreuses, le *texte des inscriptions.*

La France future voudra savoir ce qu'avaient été, avant l'épopée, les soldats héroïques.

Votre dévoué,

PAUL-LOUIS HERVIER.

Me HENRI-ROBERT

Bâtonnier de l'Ordre des Avocats, dont le talent prestigieux a, durant un quart de siècle, occupé, presque chaque jour, la cour d'assises de Paris ; excepté quand le « beau crime » était en province où il se transportait; son nom est dans toutes les causes célèbres de ce temps ; Henri-Robert détient le record innombrable des acquittements passionnels :

ORDRE DES AVOCATS   19 juin 1916.
A LA COUR D'APPEL DE PARIS.
—

Mon cher Ami,

Nous ne ferons jamais assez pour honorer la mémoire de nos enfants morts pour la Patrie.

Il est impossible de décréter des règles et d'instituer un hommage par loi ou par ordre.

Il faut laisser à l'affection et à la reconnaissance de tous les citoyens ou de tous les groupements le soin et l'honneur de grouper les héros morts pour la Patrie.

Bien affectueusement.

HENRI-ROBERT.

Frantz JOURDAIN

Ecrivain, architecte, homme d'avant-garde, infiniment serviable aux générations montantes, aux jeunes qu'il relie aux aînés, président du syndicat de la « Presse artistique et du « Salon d'Automne » :

17 juin 1916.

Mon cher ami,

Votre idée est très noble, très grande par sa simplicité même. Elle présente l'immense avantage de pouvoir être appliquée de suite à peu de frais, dans une ville importante, aussi bien que dans le village le plus humble, sans risquer le navet symbolique qui nous guette, ni le gâteau monté dont on nous menace. Et surtout que la liste de ces morts glorieux respecte, devant la postérité, l'égalité, l'unité tranquille des champs de bataille. Des héros sont tombés pour la même cause, que leurs noms fraternisent dans la mort; aucune différence de castes, de classes, même de grades. Pas de vedettes comme au théâtre, et pas d'exception ; le sacrifice sanglant de tous ces Français vaut le même amour, le même respect, la même reconnaissance.

Bien cordialement à vous.

Frantz JOURDAIN.

Henri LABROUE

M. Henri Labroue, député de Bordeaux, professeur agrégé, auteur de solides études sur l'Extrême-Orient, après un grand voyage autour du monde :

Cher Maître,

Laissez-moi vous adresser ces quelques strophes hâtives que me suggèrent votre très intéressant article de l'Eveil et votre aimable demande. Elles ne méritent pas que je prenne sur moi de les livrer à la publicité :

Bien cordialement vôtre.

H. LABROUE.

Oui, tous ceux qui sont morts pour la France immortelle,
Héros de Flandre, Artois, Marne, pays Lorrain,
Que dans ses bras vengeurs la Renommée appelle,
Leurs noms seront gravés sur le marbre ou l'airain.

Tandis qu'au champ d'honneur, dans un linceul de gloire,
De leur dernier sommeil, ils dormiront là-bas,
Chez eux, publiquement, nous inscrirons l'histoire
Du sang qu'ils ont versé dans leurs glorieux combats.

Que sur le sol natal d'où les ravit la guerre,
Qu'en face du foyer où pleurent les parents,
Qu'à l'ombre de l'école où le maître, naguère,
Faisait aimer la France et haïr les tyrans ;

Qu'au bord de la margelle où venait leur payse,
Que sur la grande place, au milieu du hameau,
Sous l'orme tutélaire effleuré par la brise,
Ou, le long du chemin, devant l' « Ecce homo »,

Qu'auprès des bois amis, des guérets, des fontaines,
Sous l'éclatant soleil — soleil de messidor —
Noms obscurs ou fameux, soldats ou capitaines,
Déroulent leurs exploits, frappés en lettres d'or.

L'Empereur édifia le Temple de la gloire
Pour y commémorer les mânes des grognards,
Ne déracinons pas de nos morts la mémoire :
La ville aux citadins ! Les champs aux campagnards !

Ces héros, compagnons de route des étoiles,
Donnons-leur rendez-vous aux lieux hospitaliers.
Qu'amis, épouses, fils et mères aux longs voiles
Sentent planer sur eux les Lares familiers !

Des êtres disparus la gloire toute proche
Rejaillit apaisante au front des survivants.
La petite patrie où naquirent des Hoche
S'honore des honneurs rendus à ses enfants.

Là, c'est plus qu'une date, un nom, qu'on magnifie.
Les héros tout entiers sont vénérés. Leur sang
Féconde mieux le cœur, exalte et vivifie
Si leur vie et leur sort sont connus du passant.

Et la simplicité de la grâce rustique
Et la laideur banale où sombre la cité
S'ennoblissent des mots : « ...Mort pour la République,
Pour le Droit, pour la France et pour l'Humanité. »

Eugène LINTILHAC

Sénateur du Cantal, dont les discours, les rapports,
la vie publique font trop oublier l'œuvre nombreuse
d'érudition et de littérature, ses cours, son « Lesage »,
son « Beaumarchais », son « Histoire du Théâtre »,

un vaste labeur d'universitaire et de bénédictin,
d'infatigable étudiant — qui a pris sa licence en
droit, vers la cinquantaine :

SENAT
COMMISSION DES FINANCES

—

Mon cher Ajalbert,

*Vous avez éloquemment raison. Pour perpétuer ces
noms, du marbre et du bronze ! Pour que la leçon d'héroïsme, immanente à leur lecture, se mêle surtout à la
vie qui, par ses morts, sera restée vivable, comme diraient
nos pères latins, prodiguons ces monuments . — Trop
ne sera pas même assez.*

Bravo et d'amitié.

LINTILHAC.

LE BLOND

Maire de Rueil (Seine-et-Oise).

MAIRIE DE RUEIL   20 juin 1916.
(SEINE-ET-OISE)

—

Cher Monsieur,

*Pour perpétuer la mémoire de tous les Français morts
à l'ennemi, vous proposez, l'inscription de leurs noms au
Mur public. C'est parfait ! votre idée est excellente et j'ai
déjà examiné le moyen de la mettre en pratique à Rueil;
l'exécution est des plus simples et peu coûteuse.*

La façade de l'hôtel de ville me paraît l'endroit tout désigné pour recevoir deux tables de marbre blanc sur lesquelles seraient gravés les noms des soldats de Rueil tombés au champ d'honneur.

La ville de Rueil qui, depuis quarante-cinq ans, n'a cessé de commémorer la bataille du 19 janvier 1871 — à Buzenval — tiendra à honorer les glorieux morts de la grande guerre 1914-1915-1916. Déjà cette pensée a été l'objet d'une motion du Conseil municipal.

Développée d'après vos idées, je la considère comme excellente et adoptée; ce projet sera soumis au conseil à sa prochaine réunion.

Veuillez agréer, cher Monsieur, l'assurance de mes sentiments les plus distingués.

E. LE BLOND.

André de LORDE

Le prince de la Terreur, à qui le théâtre contemporain doit un frisson nouveau, mathématique, prévu, et, pourtant, inéluctable, tant l'inventeur est maître de son procédé et de son art.

BIBIOTHEQUE
SAINTE-GENEVIEVE
—

20 juin 1916.

Mon cher Confrère,

Votre idée est magnifique et juste. Les noms de ces hommes, qui furent de chair pour souffrir, de fer pour combattre, d'amour pour mourir, doivent vivre éternellement par le marbre et par l'airain... Et ce n'est pas seulement la « Reconnaissance Nationale » qu'ils méritent, mais la « Reconnaissance Humaine » ! Leur gloire appartient à la France et leur culte au monde entier, qu'ils sauvèrent du plus abominable esclavage, de la plus infâme barbarie. Et, comme vous le dites, de même que dans nos campagnes, les calvaires perpétuent le souvenir des traditions du passé, les monuments de nos Morts triomphants éterniseront la mémoire des Dieux de la France et de l'Humanité, des Sauveurs du Monde...

Croyez à mes sentiments tout dévoués.

ANDRÉ DE LORDE.

Charles LE GOFFIC

Poète, romancier, critique, essayiste, l'auteur de la « Payse » a payé une large contribution à la terre, à la mer natale, mais tout ceci n'était que de la littérature, d'excellent aloi, — à laquelle il manquait le trait décisif. Avec « Dixmude » (un chapitre de l'histoire des fusiliers marins), avec « Bourguignottes et Pompons rouges », Charles Le Goffic a écrit des pages définitives.

Mon cher ami,

De bon cœur, je suis avec vous et j'estime comme vous qu'un bout de carton, un diplôme, ne suffisent pas, que c'est dans la pierre ou l'airain qu'il faut graver les noms de nos braves. Les calvaires, les façades d'église, des mairies, les murs d'école, les parapets des ponts, tout est bon pour cela. Mais il faut forcer l'égoïsme, la paresse des municipalités. C'est ça qui sera difficile. Et enfin, par un signe quelconque, à côté de leurs noms, on pourrait, au rang des morts obscurs, tirer et mettre en valeur les morts qui ont été l'objet d'une citation. C'est leur leçon surtout à ceux-là qu'il ne faut pas laisser perdre. Mais tous ont droit à autre chose qu'à une gloire anonyme et collective.

Votre bien dévoué,

Ch. LE GOFFIC.

Alexandre MILLERAND

Ancien Ministre de la Guerre, aux heures les plus critiques, député de Paris, avocat illustre, sa carrière est considérable au Palais et au Parlement. Son talent, concis et trapu, son action qui se déplacent de la barre à la tribune manquent souvent à l'endroit qu'il quitte et où il revient toujours grandi.

16 juin 1916.

Excusez-moi. Entre des projets, tous dictés par la plus noble inspiration. Il me paraîtrait bien difficile de me prononcer (1).

Cordialement vôtre.

MILLERAND.

(1) Cette lettre est l'une des premières qui me soient parvenues. Le courrier de M. Millerand est tenu à jour, quelle que soit sa tâche, juridique ou législative. Quand l'éminent avocat aura tout le dossier sous les yeux, il n'hésitera pas; il ne laissera pas saboter « *la Reconnaissance Nationale* ».

MIRMAN

M. Mirman, préfet de Meurthe-et-Moselle, universitaire, député, — vite fatigué de la politique, — dont l'activité réclamait des tâches précises. Il fut, remarquablement, directeur de l'Assistance publique. A la guerre, le gouvernement l'appela à la préfecture de Meurthe-et-Moselle, où il a pu faire valoir les qualités d'organisateur à larges vues, qui ne se rencontrent pas souvent chez les fonctionnaires d'administration politique. Si l'exemple eût été poursuivi de mettre à la tête de nos départements des hommes doués de quelque personnalité, et de quelque feu comme M. Mirman, peut-être, à tant de problèmes économiques et sociaux, à tant de questions vitales nouvelles, de l'alcool à la vie chère, de la main-d'œuvre aux transports, eût-il été fourni des solutions que l'on cherche encore :

PRÉFECTURE

DE

MEURTHE-ET-MOSELLE

—

Nancy, le 23 juin 1916.

Faut-il que les noms des combattants morts pour la Patrie soient inscrits sur le carton ou le marbre ? Vous voulez bien me demander mon avis, le voici en quelques mots hâtifs :

Il faut l'un et l'autre, du carton et du marbre. Du carton, d'abord, et dès aujourd'hui ; des tableaux de carton, sur lesquels on inscrit au jour le jour les noms de ceux qui sont tombés au champ d'honneur — la liste, hélas! n'est pas close. Puis, dès que le grand œuvre sera accompli, dès que le monstre sera abattu, alors — tandis que ces tableaux de carton demeureront, dans les écoles, pieusement entretenus par la main, et commentés par la parole du maître — qu'en chaque commune, sur la pierre, ici, sur les pierres des monuments, là, sur la modeste borne, soient gravés les noms de ceux qui sont morts pour que vive la France !

Mais, permettez-moi d'ajouter ceci : Il est un autre moyen d'honorer nos morts, et sans lequel ces inscriptions sur la pierre ou sur le marbre seraient d'odieuses comédies : c'est que la France soit digne de ses morts et n'oublie pas la leçon qu'ils ont écrite de leur sang. Cette leçon est simple et grave, elle signifie qu'au-dessus de chacun de nous, au-dessus de nos chapelles et de nos partis, il est un haute personne morale qui s'appelle la Nation — la France ! — et que tant de milliers de beaux enfants de France lui ayant sacrifié leur vie, nous serions des criminels, nous, qui ne sommes pas morts pour Elle, si nous refusions de lui sacrifier quelque chose, si nous ne mettions pas son service au-dessus de tous autres, ses intérêts au-dessus de nos intérêts de personne ou de parti.

Qu'inscrits sur la pierre ou le marbre, ces noms subsistent comme la signature des auteurs de cette morale civique que nous jurons de garder vivante en nos âmes.

Veuillez agréer, Monsieur, l'assurance de mes sentiments les meilleurs.

MIRMAN.

Frédéric MASSON
de l'Académie française.

Frédéric Masson avait indiqué la voie, comme il le rappelle ici. L'historien sûr et passionné de Napoléon ne vit point détaché de notre époque. C'est d'un cœur ardent, et de toutes ses forces morales et physiques, qu'il se consacre aux œuvres de guerre, dont son dernier livre : « A l'Arrière » fixe l'histoire généreuse.

Comment, mon cher ami, douteriez-vous de mon assentiment à un si beau et si noble projet? Vous savez bien, puisque votre collaboration y fut acquise, que je rêvais pour la Sabretache d'ériger après le monument de Waterloo, le monument de Rocquencourt. Dans les bois appartenant à l'Institut où quelques soldats furent tués, on va poser une pierre commémorative. A Mortefontaine, les tombes de nos soldats sont fleuries chaque jour par des mains attentives et pieuses. Encourager le culte des morts, c'est ici encourager le culte de la patrie; c'est éveiller en tous les êtres le sens de cette solidarité qui unit à ceux qui sont déjà partis ceux qui, comme moi, ne le sont pas encore, c'est préparer dans la génération à venir l'éveil des sentiments auxquels elle devra ses forces morales...

Vous savez ce que je pense de vous et sur vous, et si vous comptez sur mon amitié, vous avez bien raison...

Frédéric MASSON.

Alexis MUZET

Président du Syndicat Général du Commerce et de l'Industrie (Union des Chambres Syndicales de France).

TROUVILLE.   4 juillet 1916.

—

Monsieur et honoré Maître,

Je pense comme vous, en bon patriote, que rien ne sera trop beau pour perpétuer le souvenir de ceux qui ont donné leur vie pour la défense de la Patrie et pour que leurs noms, gravés dans le marbre ou l'airain, sur les monuments publics de toutes les Communes de France, rappellent aux générations futures l'héroïsme de leurs enfants.

Bien sincèrement,

Alexis MUZET.

Paul MARGUERITTE

De l'Académie Goncourt, dont l'œuvre, personnelle, ou en collaboration, avec son frère, compte plus de cinquante volumes, sans les articles de journaux. De « Tous Quatre », qui firent un début remarqué à « L'Autre Lumière » et à « l'Embusqué », offerts, tout à l'heure, « aux soldats aveugles de la Guerre », Paul Margueritte a obtenu le double succès de l'estime des lettrés et de la faveur de la foule, par un art de vérité simple et émouvante ; également éloigné du naturalisme brutal et du romanesque insipide ; des nouvelles, comme le « Cuirassier blanc », des impressions, comme dans « Mon Père », « Les Pas sur le sable », peuvent prétendre aux anthologies.

Paul Margueritte a prêté son nom à la « Reconnaissance nationale » ; il a été séduit pas l'espect généreux du projet, sans en apercevoir l'erreur fondamentale ; il ne saurait manquer d'être frappé des critiques amicales de tant de confrères, suivant les points de vue :

16 juin 1916.

Mon cher ami,

J'ai lu avec un vif intérêt votre article de l'Eveil sur la « Reconnaissance Nationale ». Certes, il conviendra d'honorer nos morts glorieux de tous les hommages qu'ils méritent, un des plus simples et des plus émouvants sera la liste funèbre de leurs noms gravés dans les plaques de marbre que se propose la Reconnaissance Nationale .

Bien amicalement à vous.

PAUL MARGUERITTE.

Francis de MIOMANDRE

Romancier, de fantaisie délicate et savoureuse, a reçu le « Prix Goncourt » pour : « Ecrit sur de l'Eau ». Depuis ont paru : « Le Vent et la Poussière », « L'Aventure de Thérèse Beauchamp », « l'Ingénue », « d'Amour et d'Eau Fraîche », et des pages de critique sympathique et nuancée, « Figures d'hier et d'aujourd'hui »; toute une œuvre spontanée, de jolie jeunesse, que n'a point touchée encore le souci de la production forcée, qui hante trop souvent les gagnants de la loterie des lettres, au premier succès.

Non, pas de cartons, pas de liste. On entre peu dans les mairies, tout ce qui est affiché sur les murs de ces salles officielles vous a toujours un petit air de règlement qui décourage de lire. Non, ce qu'il faut, c'est quelque chose de frappant, de public, de « en plein-air », d'évident qui arrête pour ainsi dire de force le passant le plus distrait et l'oblige à envoyer, ne fût-ce qu'un instant, sa pensée vers ceux grâce auxquels il peut connaître la douceur de vivre libre dans sa patrie, vers ceux qui l'ont sauvé.

M. Jean Ajalbert avait auparavant eu l'idée d'une glorification plus durable et plus sérieuse, qu'il faudrait évidemment l'intervention des pouvoirs publics pour faire aboutir. Mais cette interventon ne saurait manquer long-temps, surtout lorsque l'opinion l'y aura obligé.

Et comment ne l'y obligerait-elle pas quand elle saura de quel devoir sacré il s'agit, et combien facile à remplir ?

Il faudrait tout simplement remplacer la salle de la mairie par le grand air et le carton par le marbre. Dans chaque commune de France, à l'endroit le plus apparent, au porche de l'église, sur la place aux doux tilleuls en quinquonce, à la fontaine, là où bat le cœur de la minuscule patrie, une plaque de marbre, ex-voto où, pour la vie, seraient gravés les noms des défenseurs, avec la date, l'endroit où ils trouvèrent le trépas, un mot bref relatant les détails essentiels, la citation s'il y a lieu. C'est pra-tique, simple, logique.

C'est indiscutable.

Et quelle leçon pour nous !

On sait la force terrible du lent oubli. Mais quel oubli possible lorsqu'à chaque instant, dans tous les points de la France, jusqu'au hameau le plus perdu, il faudrait lire les noms, les noms inoubliables ? Obsession sublime, qui cependant ne lassera personne, tant elle sera discrète et digne.

Et au point de vue de l'union sacrée, rien de mieux. L'égalité ici sera absolue. Libre à tel ou tel parti de glorifier ses partisans pour humilier ceux du parti adverse. Mais l'ex-voto de marbre remettra tout au point, et donnera à tous une leçon définitive de fraternité française.

(SOLEIL DU MIDI, 16 août 1916.)

R. MORTIER

Adjudant. Docteur ès-lettres, rédacteur en chef de la « Formation Professionnelle ».

Cher Confrère,

D'un hôpital de Bauvais où j'achève une convalescence, cette modeste contribution à votre pieuse enquête : A la gloire des Morts.

Je suis de votre avis. Ce sont les commémorations locales qui feront la commémoration nationale.

Déjà, devançant la proposition de MM. Jules Roche et Desplas, relative au Livre d'Or de la Guerre (un extrait de ce livre doit être affiché en permanence dans les écoles de la commune), bon nombre d'instituteurs ont dressé, sur les murs de l'humble école du village, la liste des morts de la petite Patrie, des blessés, des récompenses décernées, des citations obtenues.

Je sais des maîtres qui ont consigné cette liste glorieuse sur le registre matricule même de l'école. Un Inspecteur d'académie a émis le vœu — à retenir — qu'à côté de chaque nom du Tableau d'honneur, on mît un portrait que, bien volontiers, donnerait la famille. Des fleurs renouvelées par les écoliers — les jeunes pousses de lauriers — encadreraient le souvenir de ceux qui firent à la Patrie le sacrifice de leur vie, et dont les noms ne doivent pas mourir !

Autre idée. Un de nos confrères proposait, l'an dernier, qu'il soit institué un jour où serait célébré le culte de la Patrie et des héros. « Une fois par semaine, à la tombée « du soir, la classe finissante, tous les Maîtres qui « enseignent la jeunesse de France, à la même heure, « dans le même recueillement, viendraient donner lecture « de cette merveilleuse épopée ». — Les belles vêpres nationales !

Et M. Louis Dausset, présidant la distribution des prix des élèves des écoles de la rue Béranger, voulait que, à l'ouverture de chaque classe, le maître et la maîtresse fissent dire, tous les jours, comme la prière de jadis, un acte de foi et d'espérance patriotiques, la même partout, un texte bref et fort qui, une fois agréé par le Gouvernement, deviendrait officiel...

Texte unique? Non; mais départemental, régional, si je puis dire, approuvé par tous, sans distinction — excellent moyen de renouveler l'Union sacrée, si jamais nous venions l'oublier. (Mon ami J. Barès avait démontré, avant la guerre, la possibilité de rédiger un livre unique de morale à l'usage des écoles, et approuvé par tous les partis). — Le sujet de ce texte? Maeterlinck a proposé l'oraison funèbre de Périclès. On pourrait y ajouter la phrase de Démosthène : « Non, ils ne sont pas morts en vain... »

Confraternellement,

PAUL MORTIER.

Le Duc de MORTEMART

Président du Cercle agricole.

M. le duc de Mortemart nous fait répondre par son secrétaire :

CERCLE AGRICOLE

—

29 juin 1916.

Monsieur le Président du Cercle, très occupé ces jours-ci, me charge de vous faire savoir, ou sujet du projet très louable pour lequel vous voulez bien lui demander son avis, qu'il lui semble que ce n'est pas encore le moment de s'en occuper, qu'il serait préférable d'attendre pour cela la fin des hostilités (1).

J. NOULENS

Député du Gers, fut sous-secrétaire d'Etat à la Guerre, Ministre de la Guerre, des Finances. D'une forte culture générale, d'une souriante et tenace activité, a conquis une sûre autorité au Parlement ;

---

(1) Il y a, en effet, quelque chose de choquant dans la course aux commémorations, dans tant d'entreprises précipitées, que l'on comprend la sorte d'agacement qui semble percer dans la lettre ci-dessus.

Seulement, si l'on tergiverse et retarde pour parer le coup des glorificateurs mobilisés depuis la mobilisation, on risque d'arriver trop tard... Et puis, hélas ! les morts, même, surtout, de la guerre vont vite ; deux printemps ont refleuri sur des tombes précaires ; enfin, n'établissons pas le *moratorium* du cœur pour la dette nationale ; c'est tout de suite qu'il faut inscrire le nom sacré sur la demeure en deuil, pour y honorer, aussi, le père, les enfants, la veuve...

il fournit aux collègues rongés d'une fébrile invention
l'exemple du succès progressif et justifié ; ce n'est
qu'à la quatrième ou cinquième législature que
J. Noulens a reçu un porte-feuille...

CHAMBRE DES DEPUTES

—

18 juin 1916.

Mon cher ami,

*Ton idée d'utiliser tous les monuments, qu'ils soient
situés dans les grandes villes ou dans les plus modestes
localités, afin d'y perpétuer les noms des soldats morts
pour la patrie, a le double avantage d'être facile à réaliser
et de ne pas exiger des dépenses susceptibles de dépasser
les facultés financières des départements et des communes
pauvres.*

*A défaut d'une autre discipline morale, que les Français
sachent au moins s'unir dans un même sentiment de gratitude, pour ceux qui se sont sacrifiés à l'heure du péril
national en témoignant des plus nobles qualités de notre
race.*

Cordialement à toi.

J. NOULENS.

P. de NOLHAC

« Poète, historien, conservateur du Château de Versailles, M. de Nolhac, critique érudit du passé, ne s'est
pas renfermé loin du monde, et sourd aux agitations
de l'époque, chargé de veiller les grands morts de
l'histoire, ne s'est pas désintéressé des vivants — les
morts de l'avenir... »

Ainsi j'écrivais de Nolhac, en 1905. Hélas, aujour-
d'hui, Nolhac a ses morts à lui...

CHATEAU DE VERSAILLES

—

17 juin 1916.

Mon cher ami,

Tous les projets pour honorer nos morts, nos martyrs (comme dit déjà le mot populaire) témoignent de la profondeur du sentiment fixé dans nos cœurs. Il faut évidemment le transmettre de la façon la plus durable aux futures générations de la Patrie. Le granit de nos montagnes ou le marbre sont nécessaires pour ces inscriptions, que je ne voudrais pas uniformes, mais conçues et gravées suivant l'esprit de chaque province et placées, comme vous l'indiquez, au point le plus visible de chaque Commune. Aucune ville ne manquera à ce devoir; chacun de nous aidera et conseillera, au besoin, les campagnes où son avis peut être entendu.

A vous, affectueusement.

P. DE NOLHAC.

—

Professeur S. POZZI

L'illustre chirurgien, dont les travaux sur la gynécologie sont classiques, a rendu pendant cette guerre, les plus grands services, non seulement par sa technique opératoire et son inlassable activité, mais en coupant court aux fantaisies d'un médecin militaire bien connu qui n'allaient rien moins qu'à compromettre les membres de nos blessés.

L'illustre maître a été sénateur ; il nous parle en savant et en homme pratique :

PARIS.

—

25 juin 1916.

Mon cher ami,

Voici les quelques lignes que vous me demandez, relatives à votre bel article sur la Reconnaissance nationale.

Je l'approuve de tout cœur. Il est indispensable que la France fasse pour cet événement capital qu'est la guerre actuelle ce que l'Italie a fait pour le Risorgimento.

Vous avez pu voir qu'en Italie, non seulement il y avait dans toutes les villes un peu importantes des monuments érigés en l'honneur des victimes de la guerre de l'Indépendance, mais encore qu'il y avait partout une plaque de marbre apposée à l'intérieur des mairies, où sont indiqués les noms des citoyens de la commune morts pour l'affranchissement du pays.

Il faut absolument imiter ce noble exemple jusque dans les plus infimes communes de France. Afin d'y aider, voici quelques indications pratiques, dont vous ferez l'usage que vous voudrez :

1o Il faut former un comité composé d'un nombre illimité de membres d'honneur, mais d'un très petit nombre de membres actifs qui recueilleraient des dons ou bénéficieraient d'une journée, autorisation que ne lui refuserait pas le gouvernement. Avant tout, il faut avoir de l'argent.

2° Le comité adresserait une lettre à tous les conseillers généraux de France pour leur offrir ses services. J'insiste sur ce fait que c'est aux conseillers généraux et non aux députés qu'il faut s'adresser. (D'ailleurs la plupart des députés ont ce double titre.)

3° Le comité offrirait aux conseillers généraux de leur faciliter la confection des plaques de marbre commémoratives; il serait, pour ainsi dire, l'entrepreneur bénévole et désintéressé de cette œuvre patriotique. (Un certain nombre de modèles correspondraient aux dimensions des différentes listes de victimes.)

Petites ou grandes, il serait désirable, sinon indispensable, que toutes ces plaques fussent d'un modèle très simple et uniforme.

Il serait facile au comité d'avoir des délégués dans tous les départements pour y centraliser les demandes de chacun de ces départements et procéder à leur exécution correcte et économique.

4° Ainsi que je l'ai déjà dit, je crois que le meilleur endroit pour placer ces plaques serait la façade extérieure de la mairie, de façon à pouvoir être lues du passant.

Une objection se présente : Dans certaines communes, la mairie n'est pas un édifice public. Elle peut être une maison de location, sujette à varier. — Réponse : Il est très facile d'avoir des plaques amovo-inamovibles, que le déplacement des quatre boulons suffirait à enlever et à transporter.

J'aurais bien des choses encore à ajouter, mon cher ami, mais le temps me manque.

Excusez ces notes hâtives et recevez le témoignage de ma complète approbation avec tous mes compliments affectueux.

Votre dévoué,

PROFESSEUR S. POZZI.

Xavier PRIVAS

Le prince des chansonniers, et le créateur avec Francine-Lorée Privas, de la Chanson pour tous, œuvre d'éducation populaire charmante et tendre, avec ce programme « Bonté, Beauté, Gaieté », réalisé au profit des petiots, victimes de la Guerre.

29 juin 1916.

Mon cher Confrère,

J'applaudis de tout cœur à votre idée généreuse.
C'est en beauté et aux frais de tous, comme vous le dites

bien justement, que doit se faire la glorification des héroïques fils de France.

Le marbre du souvenir consolera les mères et les épouses douloureuses de l'indifférence des foules, rappellera aux enfants les gestes de bravoure des pères, et révèlera aux étrangers les trésors de droiture, d'énergie et de noblesse que possède notre race.

Et, pour terminer, permettez-moi de souhaiter que chacune des pierres de ce monument élevé par la « Reconnaissance Nationale » à la gloire des guerriers valeureux, tombés en défendant le pays, porte avec leurs noms, une réduction du tragique et grandiose « aux Morts » de Bartholomé et une reproduction de l'admirable « Hymne à la France » de Victor Hugo :

Ceux qui pieusement sont morts pour la Patrie
Ont droit qu'à leur tombeau la foule vienne et prie...

A vous, bien cordialement.

Xavier PRIVAS.

L. PERQUEL

Agent de change.

10 juillet 1916.

Cher Monsieur,

Je suis d'autant mieux disposé à répondre à votre question que j'avais moi-même songé au même sujet.

Le projet doit rencontrer une opinion unanime : c'est vraiment peu de chose pour nos braves soldats, encore faudra-t-il le faire, mais je suis certain que toutes les municipalités auront à cœur d'accomplir cette œuvre patriotique.

Croyez, cher Monsieur, à l'assurance de mes sentiments dévoués.

L. PERQUEL.

Marcel PESCHAUD

Sénateur du Cantal, maire de la rude petite ville de Murat, dont les contingents inébranlables ont versé à flots pour la Patrie le plus beau sang d'Auvergne.

SENAT.

—

18 juin 1916.

Cher Monsieur Ajalbert,

Mais certainement, j'approuve votre projet et j'y applaudis, c'est un devoir, et un devoir impérieux qu'il faut remplir à la gloire de nos Morts.

J'ai fait décider par le Conseil municipal que les noms de tous les enfants de Murat morts pour la Patrie seraient gravés sur une plaque de marbre apposée sur la façade extérieure de l'Hôtel de Ville. Hélas ! je crains qu'une seule plaque ne suffise pas et qu'il n'en faille d'autres ; c'est vous dire, mon cher compatriote, que je suis entièrement de votre avis et heureux de vous renouveler les preuves de ma meilleure sympathie.

Votre bien dévoué,

MARCEL PESCHAUD.

Joséphin PELADAN

Ses débuts eurent un énorme retentissement, sous les auspices de Barbey d'Aurevilly, avec « L'Ethopée latine » ; les outrances du mage et du Sâr masquaient la maîtrise de l'écrivain, et le silence, devant trop de tapage, se fit une œuvre dont de solides parties méritent d'être sauvées ; en maintes études, notamment sur L. de Vinci, J. Péladan a prodigué les dons de la plus riche, la plus savoureuse critique.

Mon cher Confrère,

Tout ce qui perpétue l'hommage aux sauveurs de

l'humanité est approuvable, sauf le palmarès sur carton. Vous avez raison de vouloir une liste indélébile; mais est-ce bien dans le vent et le soleil où ils se sont battus que doivent survivre les nomenclatures héroïques? Ne serait-ce pas plutôt là où ils sont nés ? (1). A peine onze départements ont vu nos héros tomber, quoique tous les autres en aient fourni Il me semble que les pieux hommages se complèteraient; un, collectif : pyramide, statue, monument au lieu de la bataille ; liste au mur de l'église, liste paroissienne qui consolera les parents, fomentera l'enthousiasme imitateur des jeunes. Je parle des murs paroissiaux sans arrière-pensée religieuse; après la victoire, nous serons pauvres longtemps : il faudrait célébrer le plus légitime des cultes avec les moindres frais. Vous dites bien : la dette nationale doit être inscrite à tous les horizons; mais il faudra empêcher la députaille de l'exploiter et que la salive ne vienne salir les lieux consacrés par le sang et que l'avocat ne se hausse pas sur le cadavre de nos preux.

Vous tenez pour les noms aux lieux mêmes de l'héroïsme; mais ils sont tant ! L'expérience indique qu'on ne s'intéresse plus, hélas ! qu'à ceux qu'on connaît quelque peu; voilà pourquoi j'imagine que le double hommage au lieu de mort et au lieu de naissance contenterait tout le monde.

Quant à la matière de l'hommage, à sa nature, c'est une question d'argent, et elle sera terrible après la victoire.

Bien à vous.

PELADAN.

(1) Il s'est établi un malentendu sur une phrase où je disais : « C'est en pleine lumière, dans le vent et le soleil *où ils ont vécu*, que doivent survivre, etc... » Un lapsus a fait imprimer : « ... où ils se sont *battus* ». C'est le contraire de ce que je souhaitais : « *la commémoration au pays natal* », comme il ressort du reste de l'article... Et pourquoi pas sur les maisons mêmes de ceux qui en sortirent pour n'y jamais rentrer...

Je suis donc tout à fait d'accord avec M. J. Péladan.

POREL

Directeur du Vaudeville, qui le fut de l'Odéon, et, sur la rive droite et sur la rive gauche, de Daudet et de Sardou à Goncourt et à Abel Hermant, de Judith Gautier à Henry Bataille, présenta toutes les tentatives du théâtre contemporain, avec des mises en scène et des distributions d'art et de luxe prodigieuses.

THÉATRE DU VAUDEVILLE
—

PARIS, le 19 juin 1916.

Mon cher Monsieur Ajalbert,

Je connaissais votre article et j'avais réfléchi déjà sur les problèmes qu'il pose. Vous me demandez de vous écrire ce que j'en pense, pourquoi hésiterais-je à le faire ?

La « Reconnaissance Nationale » ne méritera son titre que si elle donne d'abord son aide à ceux que la guerre a mutilés, aux orphelins, aux veuves, aux malheureux sans pain et sans gîte. Le gouvernement est débordé, il faut que tout l'argent qu'on peut donner soit employé pour cette dette sacrée. Quand il y aura des murs dans les maisons de France écroulées on pourra y placer les diplômes, les listes, le beau papier glorieux, couverts de faits et de noms héroïques ; cela viendra, mais cela ne doit venir qu'ensuite. En vous donnant mon avis sur la première partie de l'article, je tranche, je crois, la seconde, la vôtre.

Certes, il serait bien qu'on débarrassât les places publiques de nos départements de tous les vilains politiciens en redingote qui y poussent à chaque changement de ministère depuis 40 ans et qu'une statue de la France les remplaçât dans toutes nos grandes villes, ayant, gravés sur son socle, les noms de ceux qui sont morts pour sa défense. Pour cela, mon ami, il faudrait beaucoup d'argent aussi. Songez donc qu'il y aurait à graver les noms de plus d'un million de personnes. Ces choses utiles se feront, j'espère, comme vous, plus tard ; aujourd'hui, il faut aller au plus pressé : réserver son argent, tout son argent d'abord pour les mutilés, les orphelins, les veuves, les malheureux sans abri et sans pain.

Si un jour on fait ce que vous souhaitez, je supplie que pour cela on se serve d'un autre titre que celui de « la Reconnaissance nationale ». Je le trouve sans accent. Ce n'est pas celui qu'il faut; c'est froid, administratif, cela ressemble aux en-têtes de circulaires du ministère Guizot, au moment de la Révolution de Juillet. Pour glorifier nos chers héros, je parle sur votre projet de liste gravée, il faut trouver quelque chose de plus héroïque... Quand nous en serons là, du reste, le titre viendra tout seul.

Affectueusement à vous.

POREL.

M.-C. POINSOT

M.-C. Poinsot, romancier, en collaboration avec G. Normandy, essayiste, régionaliste, directeur du « Petit Messager des Lettres et des Arts » :

PARIS.

—

20 juin 1916.

Cher et éminent ami,

Mais oui, cher et éminent ami, votre idée est excellente. J'ai, d'ailleurs, toujours rêvé de voir de la beauté, non seulement dans les villes, mais aussi sur les routes. De la beauté qui serait en même temps de la piété reconnaissante, quelle floraison noble en tous les coins de France !

A vous, en admiration et amitié.

M.-C. POINSOT.

Jean PSICHARI

Directeur à l'Ecole des Hautes-Etudes, Professeur à l'Ecole des Langues orientales vivantes, romancier et poète, le père d'Ernest Psichari, petit-fils de Renan.

23 juin 1916.

Mon cher ami,

Je viens de lire votre bel article sur la façon la meilleure d'honorer nos héros obscurs.

Tout le monde est d'accord sur un point important, la Reconnaissance Nationale, et vous : l'inscription des noms. La R. N. propose des tableaux d'honneur offerts aux communes de France. Vous voulez, vous, sur tous les points du territoire français qu'ils ont tout entier défendu, la consécration de nos morts inscrits au porche de la chapelle, à la fontaine du champ de foire.

Votre projet est plus vaste. L'autre me paraît plus pratique (1). Vous ne vous en étonnerez pas : en ma qualité d'historien du passé, j'aime bien courir après les stèles à travers champs, mais je suis aussi bien aise de trouver mes archives réunies en un même lieu.

Votre

Jean PSICHARI.

(1) Les plaques de la *Reconnaissance Nationale* obligeront toujours de courir à toutes les mairies de France. Comme archives, le mémorial de Paul Escudier sera bien plus pratique. L'inscription au mur natal, selon Rostand, sera autrement historique et documentaire, en situant les héros à l'endroit même, glorifié à jamais, d'où ils s'élancèrent à l'appel de la France...

PIERRET

Directeur du Collège de Sainte-Barbe, Maire du
V⁵ arrondissement.

PARIS.

6 juillet 1916.

Cher Monsieur,

*Votre enquête soulève une question de la plus vibrante
actualité; ma sympathie la plus vive est acquise à votre
effort et je vous accorde mon entière approbation.*

*Oui, il convient que chaque commune de France,
humble hameau ou grande cité, honore ceux qui sont
tombés pour elle. Oui, l'idée est belle d'un Mur public,
où une main reconnaissante graverait, pour les rendre
immortels, les noms de tous les vaillants soldats qui ont
pris part à la Victoire.*

*Mais je pense bien comme vous : quelle commune se
laissera imposer une plaque uniforme de marbre où
seraient tout gravés les noms des défenseurs de la Patrie?
Quel maire n'a point déjà conçu une façon personnelle
de glorifier ses morts? S'agirait-il donc d'ordonner les
manifestations de la « Reconnaissance Nationale » ?*

*Ce serait contraire à notre caractère français. Le cachet
d'uniformité de tous les marbres en amoindrirait l'effet,
et il y aurait à craindre un arrêt dans cet élan spontané
de gratitude qui monte de tous les cœurs vers la mémoire
de nos chers disparus. Laissons donc à chaque bourg
l'initiative d'honorer ses héros à sa façon. Aucun hameau
de France, soyons-en sûrs, ne manquera à ce devoir sacré.*

*Veuillez agréer, cher Monsieur, l'expression de mes sen-
timents distingués et dévoués.*

PIERRET.

Edmond PERRIER

L'éminent Directeur du « Muséum ». Je ne me charge pas de présenter le savant dont les études spéciales échappent au profane, mais M. E. Perrier est à la portée de tous, dans ce feuilleton du « Temps », où il réussit à intéresser aux sujets les plus arides, avec une attachante virtuosité :

MUSEUM D'HISTOIRE NATURELLE
DIRECTION

—

PARIS, le 18 juin 1916.

Cher Monsieur,

Vous avez grandement raison, ce n'est ni à des particuliers, ni à l'Etat de perpétuer le souvenir des morts pour la Patrie. C'est aux communes et aux départements. Il ne faut pas que les groupements s'en remettent toujours à l'Etat quand ils ont des devoirs à remplir et celui-là est le premier. Voilà de la bonne décentralisation. N'est-ce pas à ceux qui ont connu les victimes de les honorer ? On trouvera toujours dans une commune assez d'argent pour faire graver une plaque de marbre et la placer à la mairie. Mais il faut que les maires s'en occupent et qu'on les y incite. »

Je dois dire, d'ailleurs, que nombre de plaques ou de monuments ont été dédiés aux morts de 1870 ; mais c'est surtout dans les églises qu'on les voit. On ne peut dire qu'elles y soient mal placées, ces listes glorieuses, et ce serait peut-être de l'Union sacrée que de placer à côté des listes de 1870, celles de 1914-191... ? Peut-être un certain nombre de maires en jugeront-ils ainsi ; mais cela regarde les communes.

Croyez à mes meilleurs sentiments.

EDMOND PERRIER.

Maurice POTTECHER

Un précurseur, avec son « Théâtre du peuple », aux représentations estivales de Bussang, où en jouant le « Diable, marchand de goutte », il versait aux paysans le bel antidote moral contre les progrès de l'alcoolisme.

24 juin 1916.

Mon cher camarade,

Assurément votre idée me semble belle et bonne. Les noms de ceux qui ont défendu ce sol méritent la peine qu'il leur fournira. Le papier ni le carton ne préserveraient ce qui doit rester d'eux de l'ombre et des vers.

Mais plutôt que le marbre de Carrare, donnez-leur le granit de Bretagne et de Lorraine ou la lave noire de l'Auvergne : os de la terre natale où leurs os sont gardés.

Bien amicalement vôtre.

M. POTTECHER.

R. PERET

Député de Paris, Président de la Commission du Budget.

CHAMBRE DES DEPUTES

—

Paris, le 1ᵉʳ juillet 1916.

Mon cher Conservateur,

J'ai lu votre bel article. Vous êtes l'homme aux pensées généreuses et l'idée est séduisante. Je l'accepterais avec enthousiasme si je ne craignais deux choses : d'abord qu'elle ne soit pas partout adoptée, qu'un département très patriote l'accueille et que le voisin, qui le sera moins, la repousse ; d'autre part, que l'exécution ne corresponde pas au sentiment élevé qui vous a inspiré. Le premier écueil est moins à redouter que le second : vous repoussez avec raison le papier, qui transmettrait mal aux générations futures les noms des héros, mais êtes-vous bien sûr que dans le roc, le marbre ou la simple pierre on trouvera toujours l'emplacement que vous rêvez ? Avez-vous vu, à Barbizon, à la lisière de la forêt, les figures de deux peintres célèbres sculptées dans un rocher ? Voilà qui est bien et pourrait servir de modèle. Il faudrait trouver des hommes de bonne volonté qui cherceraient partout ce qui, partout, doit se trouver pour réaliser ce que votre cœur a conçu.

R. PERET.

J.-H. ROSNY aîné

Son œuvre personnelle, ou en collaboration avec son frère, du « Bilatéral » et de « Vamireh » à la « Vague Rouge » enclôt le plus vaste cycle d'études contemporaines.

C'est à travers les romans des Rosny que l'historien découvrira les tableaux les plus véridiques des milieux socialistes et révolutionnaires, dans leur réalité et leur poésie. Le peuple, dans ses humbles tâches, dans ses misères, dans ses amours, dans ses vaillances, comme dans ses erreurs et ses vices a trouvé chez les Rosny toute compréhension et toute tendresse. De quelle imagination fraîche et puissante n'ont-ils pas évoqué la naissance des mondes, dans leurs pages préhistoriques ! Pourtant, la renommée est rétive à leur endroit. Saluons leur magnifique labeur au passage. Que le souci d'honorer nos morts, qui ont défendu la France, ne nous fasse pas omettre d'admirer les vivants à qui la Patrie doit un tel rehaussement de gloire et de beauté :

Cher ami,

« J'approuve absolument ton idée : cette immense commémoration ne peut être que salutaire à la France de demain et d'après-demain.

Ma fidèle affection et mon souvenir ému — pour ce que tu sais trop, hélas !

J.-H. ROSNY AINÉ.

RACHILDE

Toute jeune, a écrit les romans les plus voyants, sans se montrer, plus modeste après chaque succès, de « Monsieur Vénus » au « Démon de l'Absurde » ; écrivain hardi et sincère, parallèlement à sa création considérable, a assumé la critique littéraire au « Mercure de France », la seule revue qui, grâce à Rachilde (et à Vallette) parle « de tous les livres ! »

VILLA VALLETTE

ESSONNES (SEINE-ET-OISE)

—

Mon cher Ajalbert,

Il faut aller chercher au plus profond des entrailles du globe le granit, l'ossature même de la terre, pour y graver les noms de ceux qui sauvèrent le monde par pur sacrifice obscur ou éclatant. Et c'est en plein air, qu'il faut inscrire leurs noms, dans la grande liberté du vent, puisqu'ils nous ont rendu la liberté de vivre selon la lumière éternelle de la France.

RACHILDE.

Jean-François RAFFAELLI

Trop étroitement catalogué le « peintre des banlieues » ; son œuvre est des plus diverses et considérable ; il n'a pas cessé de se renouveler et de produire. J.-F. Raffaëlli est un maître, de cerveau inventif ; peintre, sculpteur, graveur, écrivain, d'incontestable originalité, il ne me semble pas qu'il soit en possession de toute la gloire qui lui est due.

20 juin 1916.

Je fus singulièrement ému, lorsque, voilà quelques années, on m'apprit que, sur un mur de la Cathédrale de Saint-Louis du Sénégal, le nom de mon jeune frère, Marius Raffaëlli, était gravé, comme mort pour la Patrie, dans l'artillerie de Marine, là-bas, loin des siens, humble laboureur des champs perdus de la plus grande France !

Ces Français qui pensaient, aux Colonies, à graver dans la pierre les noms de ceux qui ne seront plus des oubliés, ne faisaient pas autre chose que ce que vous ferez pour tous nos Héros à l'entrée du pont du village, à la fontaine rafraîchissante, dans la salle des mariages, à la Mairie ; au carrefour des routes où se retrouvent les amoureux qui apporteraient des fleurs des champs en souvenir.

Et pas d'inscriptions tristes : à un poilu qui me parlait du moral magnifique de nos soldats, je demandais un jour :

— Mais que faites-vous, lorsque vous rencontrez un esprit rebelle ou abattu pour un moment, qui vous conte ses doutes ?

Le poilu me répondit : « Nous lui parlons de la Victoire ! »

Et voilà de quoi doivent nous parler vos plaques de bronze, vos monolithes de marbre : ils doivent nous parler de la victoire. Il faut cacher nos pleurs !

Parlez donc et réussissez dans votre projet, mon cher ami, je le souhaite de tout mon cœur, car il faut nous entraîner et abattre pour cent ans au moins cette horde de barbares que l'on appelle Allemands, ne pouvant les appeler d'un nom plus fétide et plus louche.

Et que tout soit fête dans votre glorification.

Pourquoi donc voilerions-nous de crêpe pour jamais les noms des vainqueurs !

En jetant au vent de la route les noms de nos libérateurs, nous ne semons pas des larmes, nous semons la Liberté !

Mᵉ Emile de SAINT-AUBAN

L'une des gloires, la plus pure, du barreau de Paris, qui honore également les lettres françaises par des œuvres de pensée, d'art et d'histoire sociale trop peu connues : la « Voix des Choses », le « Silence et le Secret », « l'Idée Sociale au Théâtre », « l'Histoire sociale au Palais »; l'Académie française... mais restons dans notre sujet :

14 juin 1916.

Mon cher ami,

Mettre en lumière la foule admirable tombée dans la nuit, c'est impossible; l'ingratitude obligatoire est notre cruel destin. Des millions de morts obscures ont rallumé des soleils près de s'éteindre, et nul ne vaincra leurs ténèbres; on canonise la sainte, mais le frisson collectif, l'énergie anonyme sauveurs d'une patrie que le roi, les bourgeois et les nobles avaient abandonnée?... On questionne en vain la terre pour qu'elle célèbre le geste des humbles qui l'ont rougie : elle le tait, comme elle tait le nom de ceux qui la labourent. Luttons, pourtant, contre l'injustice et tâchons d'acquitter notre dette. Votre idée est la meilleure : le livre, le discours, la notice, voilà de pauvres moyens; n'enterrons pas les héros du plein air dans les bibliothèques; il faut les mêler aux passants:

*qu'ils vivent notre vie, puisque nous leur devons la vie !
Qu'ils soient partout la magnifique obsession de nos
regards ! Le marbre, la pierre, stèle splendide ou rustique,
la borne ou le mur, ces immobilités, dorées par des clartés
du ciel auront seules les voix convenables; seules autant
qu'on peut le dire, elles diront au flâneur ému, ou au
simple curieux, friand de la chose imprimée, affichée,
gravée le long des rues, au bord des routes, notre effort
pour payer nos créanciers innombrables.*

Bien vôtre,

Emile de SAINT-AUBAN.

Gabriel SEAILLES

Ecrivain et professeur, un des maîtres les plus
suivis de la jeunesse d'avant-garde, en art et en
sociologie.

BARBIZON
(SEINE-ET-MARNE)

—

Cher Monsieur,

*Je trouve votre petit mot au retour d'un voyage en
Suisse. Je trouve votre idée excellente. Je vois, d'ailleurs,
qu'elle vient d'être reprise par une sénateur et formulée
en un projet de loi. Vous avez donc lieu d'être satisfait.*
Bien cordialement,

Gabriel SEAILLES.

M. SEIGNOBOS

L'éminent professeur de la Sorbonne, avec le souci
de séparer l'histoire et la littérature, a introduit,
dans l'enseignement historique, des méthodes d'éru-

dition qui ont ramené au document l'école française. Il a lui-même donné l'exemple, dans des ouvrages solidement étayés, où l'histoire politique est présentée comme la résultante de l'histoire plus humble des mœurs et des coutumes.

Cher Monsieur Ajalbert,

Evidemment, vous avez raison : le carton clos ne suffira pas, il faut le plein air et une substance durable. Mais peut-être serait-il utile de préciser. Le marbre et l'airain sont littéraires (1) ; ce n'est pas avec de la littérature qu'on peut obtenir des décisions pratiques d'un comité. Probablement, la solution devrait varier suivant les pays et les usages.

Agréez, cher Monsieur, mes sentiments les plus dévoués.

M. SEIGNOBOS.

STEINLEN

Nulle vie d'artiste de ce temps n'a été plus digne et plus noble que celle du peintre des chats « du Chat Noir », longtemps spécialisé. Et puis ç'a été l'adéquate illustration des chansons de Bruand et du pittoresque de la vie et des êtres de la Butte et du boulevard extérieur; enfin avec un talent sans cesse

---

(1) Evidemment, le marbre et l'airain sont littéraires. Ce n'est pas de ma faute ! J'appelle le *marbre* le marbre ! Et il faut bien commencer par des lettres, par de la littérature, convoquer les citoyens, les inciter à rechercher les solutions pratiques « variant avec le pays et les usages ». C'est ce que j'avais écrit : *la pierre ou l'airain, que chaque province accommoderait à son génie propre...*

accru de sa sensibilité de plus en plus émue, Steinlen a rendu le vrai peuple, dans le travail, à travers ses misères et ses joies ; aujourd'hui, sur des affiches, il fixe d'un art impérissable, les figures ardentes de nos Poilus, les visages véridiques de l'Humanité, d'inoubliables hordes de femmes, d'enfants chassés sous la rafale hideuse de l'invasion.

PARIS.

28 juin 1916.

Je pense absolument comme toi, mon cher Ajalbert. Pas de « monument » de modèle uniforme — fatalement banal par sa répétition (si bien qu'il puisse avoir été conçu), — l'initiative complète à la Commune qui, à son gré, à son goût, suivant ses ressources locales (j'entends les artistes statuaires, tailleurs de pierre, fondeurs, etc., et aussi les matériaux du pays, pierre, marbre) saura et pourra mieux que qui que ce soit, quel groupement que ce soit en dehors d'elle, perpétuer le souvenir de ses ressortissants morts pour la défense du sol et de l'esprit de la République.

Affectueusement à toi.

STEINLEN.

Gaston **TRELAT**

Directeur de l'Ecole spéciale d'Architecture.

PARIS.

4 juillet 1916.

—

Monsieur,

Comment n'applaudirai-je pas votre « Reconnaissance Nationale » ? Déjà, dès le mois de novembre 1914, le Directeur de l'Ecole spéciale d'Architecture soumettait à l'élaboration de nos étudiants : « Un Monument de Reconnaissance Nationale », pour lequel chaque concurrent avait à déterminer la localité qu'il envisageait dans sa composition.

Enfin, aujourd'hui que les ruines de la barbarie rendent imminente l'organisation de la Cité d'après guerre, il n'y a pas de doute qu'il faille y prévoir et noblement situer les monuments de « Reconnaissance nationale » portant les noms des héros libérateurs en 1914-1916.

Veuillez croire, Monsieur, à mes sentiments les plus distingués.

GASTON TRELAT.

Maria VERONE

Avocate distinguée du Barreau de Paris.

Cher Monsieur,

Votre projet me paraît excellent. Un carton dans une salle de mairie n'est lu par personne. Au contraire, un monument élevé sur la voie publique attire et retient l'attention.

Et il faut qu'on se souvienne ! Non pas, à mon sens, pour exciter les générations futures à une haine éternelle, mais pour leur montrer les horreurs de la guerre et leur faire souhaiter le maintien de la paix.

Croyez, cher Monsieur, à mes bons souvenirs.

MARIA VERONE.

Pierre VEBER

Auteur dramatique aux innombrables centièmes, analyste aigu de la « Vie Parisienne », nous oblige à chercher dans le « New-York Herald » la réalité et la fantaisie de la vie parlementaire, trop souvent absentes des mornes comptes rendus français.

15 juin 1916.

Mon cher ami,

Je trouve votre initiative excellente. Mais plusieurs sociétés ont pris les devants. A la Société des auteurs, nous avons demandé une stèle à Bartholomé ; tous nos morts seront glorifiés. Toutefois, je suis de votre avis ; il faudrait un monument national. Il y a encore de la place sur l'Arc de Triomphe. Il y en a sur les murs du Palais-Bourbon — il y en a au Louvre et au Luxembourg. Et s'il faut un monument nouveau, qu'on l'érige ! On parle beaucoup de l'Art d'après guerre. Quel plus beau sujet pourrait-on trouver que celui d'un monument élevé à ceux qui sont morts pour la Victoire ? Et quel meilleur emplacement que celui de la Porte Dauphine, promenade de nos embusqués ! (1)

Bien affectueusement.

PIERRE VEBER.

(1) Pierre Veber nous a lu un peu vite ; ce n'est pas un monument que nous souhaitons, mais une commémoration quotidienne et familière, une vénération de toutes les minutes et de tous les siècles à venir, par les noms sans cesse devant nos yeux, qu'il faudrait pouvoir inscrire dans la terre même, dans la glèbe sauvée, sous nos pas glissant avec respect et piété, comme ceux des croyants, à l'Eglise...

Oui, et que les embusqués ne puissent échapper à cette évocation subite, en tous lieux, de ce qui fut le Courage et le Sacrifice sublimes, dressant l'accusation vengeresse contre les défaillances criminelles....

Emile VERHAEREN

L'auteur des « Campagnes hallucinées », les « Flambeaux noirs », les « Villes tentaculaires »; poète puissant, rude et somptueux, superbement isolé, à travers décadents et symbolistes; il est, avec Maeterlinck, des rares qui ont vécu distants de la cohue, réfugiés dans leur œuvre; Verhaeren a écrit sur la Belgique sanglante des pages douloureuses et frémissantes :

SAINT-CLOUD

—

22 juin 1916.

Mon cher ami,

Je trouve votre avis excellent. Oui, il faut que dans le futur petit village d'où l'on a vu partir les soldats vers la bataille, on les en voie revenir — même ceux qui ne sont plus — dans l'apothéose. Les noms des disparus doivent, non seulement, orner les murs de l'école où seuls les enfants les liraient, mais ils doivent, avant tout, être lus et prononcés par les femmes et les vieillards. Il faut aussi que tous les passants des chemins et des carrefours leur rendent hommage. Il faut qu'ils fassent partie de l'histoire du village ou du hameau.

Que la plaque de marbre où se gravera leur nom soit toute simple ! Qu'elle dise à tous qu'il les faut aimer à l'endroit même où ils aimèrent !

Bien à vous !

VERHAEREN.

Paul VIVIEN

Directeur de « Midi-Colonial ».

Avec Jean Ajalbert nous disons :

Quelle colonie manquerait de la pierre ou de l'airain nécessaire que chacune accommoderait selon son génie propre?

La Dette nationale doit être inscrite à tous nos horizons, — payable à vue, à tout instant, sans s'effacer jamais. Des pancartes affichées dans quelque salle reculée ne sauraient suffire à rafraîchir les mémoires négligentes, à exalter les imaginations débiles.

A la Martinique, M. A. Sainte-Luce Blanchelin, Censeur des études au lycée Carnot, s'est mis à la tête d'un comité, chargé d'élever un monument à la mémoire des Guadeloupéens.

Au Dahomey où colons et fonctionnaires ont déjà donné de nombreuses preuves de leur patriotisme, il fut créé une œuvre, dite « l'œuvre dahoméenne » dans le but de recevoir des dons destinés à des œuvres métropolitaines. Nous croyons savoir que son actif Président, M. Aug. Thaly, actuellement en congé à Paris, songerait à élargir le but de l'Association qu'il dirige avec tant de dévouement et se rallierait au projet Ajalbert.

Il faut que toutes les autres colonies en fassent autant, que les comités locaux s'organisent dans chacune de nos colonies.

Que nos amis Georges Boussenot, Paul Bluysen, Gratien Candace, Outrey et autres se mettent à la tête du mouvement.

Nous nous devons d'honorer dignement et honorablement le sacrifice obscur de nos morts créoles.

Paris, de son côté, saura perpétuer la mémoire de ceux de nos soldats noirs, tombés au champ d'honneur.

Mais de cela nous reparlerons plus tard, dans un avenir... qui n'est pas éloigné, à la Victoire finale.

(MIDI-COLONIAL, 2 juillet.)

Jean des VIGNES=ROUGES

Pseudonyme d'un officier, dont les écrits du front révèlent le plus sûr talent. Directeur, fondateur du « Souvenir », poussé dans la tranchée. Puis s'est vite étendu à l'arrière, « pour protéger le Souvenir des Héros contre l'oubli, glorifier et défendre les victimes de la guerre, établir un lien de sympathie entre les familles des morts au champ d'honneur et les soldats du front ».

Le « Souvenir » a ouvert une enquête, parallèle à la nôtre, — qui lui a valu, également, une ample et riche correspondance (1).

Cher Maître,

Je vous remercie bien vivement des exemplaires de L'Eveil *que vous avez eu l'amabilité de m'envoyer. Ils m'intéressent d'autant plus que — vous le savez — votre enquête est sœur de celle que ma revue « Le Souvenir » a ouverte. Je regrette toutefois n'avoir pas connu plus tôt votre heureuse initiative, si parfaitement conduite ; peut-*

---

(1) F. DAVID, statuaire : « Les Comités formés, sitôt la paix, devront s'inspirer d'un programme commun, renoncer à toutes ces représentations particulières, à ces illustrations d'où toute beauté est bannie, pour s'inspirer d'idées plus générales... Il faudrait, en somme, que nous tous, sculpteurs, nous nous soumettions à des obligations imposées par un Comité suprême. »

EMILE FABRE, Administrateur du Théâtre-Français : « Il faut, de toutes leurs histoires, composer un *Plutarque* français. »

FUNK-BRENTANO : « Décréter que, aux prochaines élections législatives, ne pourront être élus que les citoyens qui compteront au moins dix-huit mois de combat, en première ligne, sur le front... »

J. ERNEST-CHARLES : « Ne pourrait-on édifier à la gloire de nos soldats, au lieu de vaines statues, *les maisons de tous* (l'œuvre de M. Henry Oger) qui seraient les monuments commémoratifs de la grande lutte contre la barbarie organisée. »

être aurions-nous pu unir nos efforts et j'aurais déjà parlé de vous. Mais ce que je n'ai pu faire jusqu'à présent, je le ferai très volontiers dans mon numéro de septembre qui consacrera quelques lignes à vos éloquents articles. Les belles réponses que vous avez reçues complètent admirablement celles qui me sont parvenues. Dans l'ensemble, il y a des idées originales, quelques-unes sont dignes d'être spécialement retenues, notamment celles de l'admirable poète Ed. Rostand et la vôte ; toutefois, je crains fort qu'aucune d'entre elles ne trouvent jamais leur réalisation aussi longtemps que le public demeurera en quelque sorte étranger aux efforts de l'élite à laquelle vous et moi avons fait appel pour la glorification de nos héros. L'art — dit officiel — s'imposera, dès lors, avec son habituelle et trop consciente audace ; je doute fort qu'il soit jamais de nature à pouvoir traduire décemment ces profonds sentiments qu'une dure souffrance a fait éclore parmi ceux qui ont vécu cette guerre.

Veuillez trouver ici, cher Maître, l'expression de mes respectueuses pensées.

Jean des VIGNES-ROUGES.

Francis VIELÉ-GRIFFIN : « Il s'est établi, aux Etats-Unis, à la suite de la grande guerre de Sécession, un usage : *la Décoration Say.*

« Ce jour-là, qui ne se confond pas avec le Jour des Morts, le peuple américain *décore les* tombes de ceux qui se sont immolés pour la Patrie... Une « fête des morts » de la grande guerre réunis à ceux de 1870 s'inscrira de soi aux calendriers français. »

G. HANOTAUX : « La *citation* doit être permanente. — Pourquoi, dans chacun des villages, des bourgs, des villes où ils sont nés, ne donnerait-on pas à une place, à une rue, le nom des vaillants qui ont servi si noblement leur pays ? »

André DUMAS : « Des monuments s'élèveront aux Morts pour la Patrie. C'est un souvenir plus intime, plus direct, plus personnel que nous voudrions assurer à chacun d'eux. Ceux-là seuls qui les ont personnellement connus peuvent vraiment pleurer les morts. *La commémoration doit être locale.* En dehors de là, ni souvenir précis, ni émotion sincère.

Adolphe WILLETTE

Pierrot, celui de Montmartre, était Français, traditionaliste et révolutionnaire, dès les premières esquisses de Willette, avec une Colombine en vivandière; le sensible, l'original artiste n'a pas eu à se tailler un crayon de guerre; du même cœur sans rides, d'un génie toujours leste et gracieux, il augmente son œuvre claire et généreuse; il y ajoute des pages ardentes et vengeresses contre les Barbares ignominieux.

Mon cher Ajalbert,

L'autre jour, à la station Saint-Lazare du Nord-Sud, dans la rotonde, au moment d'en sortir par la porte Caumartin, je laissai passer la foule pour m'arrêter devant une pancarte encadrée et je vis que c'était la liste glorieuse des employés du N.-S. tués à l'ennemi jusqu'à aujourd'hui !... cependant que les voyageurs sortant ou entrant, affairés, passaient sans y prêter la moindre attention ! et

(1) Comme Willette, Octave Uzanne, dans la *Dépêche de Toulouse.* rêve d'un *temple de Héros* qui,, craint-il, « risque fort de n'être pas réalisé. »

« Il faut créer un temple à leur mémoire ; un *Temple des Héros* ou, si l'on préfère, un *Palais du Souvenir*, un vaste monument qui sera un organisme de vie toujours renouvelée, où tout rappellera l'infamie boche, la barbarie teutonne et évoquera le supérieur esprit de sacrifice, le mâle courage, les magnifiques prouesses des sublimes enfants de notre race.

Ce temple serait de lignes harmonieuses, d'architecture imposante dans sa sobriété voulue. On y répudierait les attributs le style figuratif. la statuaire anecdotique, les trophées, les images de victoires ailées, toutes

A l'intérieur, une salle des fêtes commémoratives pouvant contenir des milliers de spectateurs. Des chapelles de toutes confessions religieuses où des offices seraient quotidiens, en dehors de grandes solennités périodiques *moi, pour m'informer, je stationnai plus d'un quart d'heure, devant cette émouvante pancarte, mais je suis resté solitaire !*

Il est vrai que cette pitoyable affiche bien qu'illustrée d'une trop froide image n'était qu'en carton... mais, crois-tu mon vieil et cher ami, si elle était en marbre, qu'elle attirerait davantage l'attention du passant moderne, c'est-à-dire de l'homme abruti par le téléphone, par le métro, par le bridge, par le cubisme, etc., etc...

Pour que le nom d'un bon citoyen ou d'un héros ait la chance d'être lu et retenu, il faut que, sur une toute petite plaque de zinc, ce nom soit peint en lettres blanches sur fond d'azur, étant alors celui d'une rue ou d'un boulevard, ce nom aura la chance d'être vu et retenu, du moins par nécessité.

Il a fallu quarante années d'obscurantisme scolaire, mondain et politique d'où nous ne faisons que de sortir, à la lueur de l'incendie de nos villages et de nos plus vénérés monuments, pour trouver extraordinaire l'effort et le sacrifice patriotiques qui sauvent la France !...

Mais cet héroïsme, qui n'est pas un fait nouveau pour ceux qui connaissent l'histoire de la France, mérite d'être consacré par un Art digne de sa beauté.

à déterminer. Une bibliothèque réservée à toutes les publications parues sur la guerre, depuis le début des hostilités, et qui comprendrait les ouvrages de tous pays, les journaux et revues, les estampes et gravures imprimées en typographie et autres procédés. Elle serait publique. On y verrait les manuscrits originaux, les notes, lettres et papiers recueillis sur les champs de combat et toutes les curiosités bibliographiques de cette guerre qui fit naître tant et tant de petits journaux de tranchées utiles à conserver.

Un musée centraliserait les œuvres de peinture, de sculpture, de dessin relatives aux événements de 1914-1917 (cette dernière date hypothétique, mais fort probable). Enfin, un théâtre et même un cinéma où ne seraient jouées, interprétées ou tournées que des œuvres dramatiques d'allure épique, des pièces exaltant les faits guerriers, les actes d'héroïsme, l'esprit de sacrifice à la patrie.

Que l'Etat ne se dépuèche pas de commander le chef-d'œuvre qui doit immortaliser la Victoire et la mémoire des braves qui l'auront remportée, à son entrepreneur-marbrier, officiellement trop fécond... Hélas !...

Un pays qui a enfanté tant de héros doit posséder, à nouveau, un Rude, capable de remplacer les trois médiocrités d'Etex par trois sculptures qui seraient les jumelles de La Marseillaise.

Je rêve aussi d'un temple élevé à la mémoire de nos généreux morts : il serait, à l'extérieur, ceint d'une frise sculptée où seraient représentées toutes les armes et toutes les spécialités (1) qui ont participé à cette guerre. A l'intérieur, les principales phases de cette épopée seraient célébrées par la fresque, par la tapisserie et par le vitrail. Sur l'autel de la Patrie dressé dans ce temple, serait placé un livre d'or contenant toutes les citations au régiment, à l'armée, les noms des martyrs, et aussi les crimes et

Je passe sous silence les livres d'or, le musée des souvenirs des disparus avec leurs portraits, leurs légendes, les legs que feraient leurs familles d'objets typiques leur ayant appartenus. Ce *Temple des Héros* établi dans un parc de Paris ou de la banlieue, devrait rester ouvert au culte public et ne jamais chômer d'animation et d'attractions multiples. Le peuple de France et nos alliés y viendraient en pèlerinage afin d'y communier dans le souvenir de la grande guerre. Les combattants survivants, Anglais, Russes, Serbes, Belges, y trouveraient des salles de réunion. Le cercle des officiers y pourrait fixer son siège social. L'âme de la patrie vibrerait dans ce temple à un diapason élevé et constant. Tout y proclamerait *qu'oublier est un crime, que se souvenir encore et toujours est la vertu des peuples qui ont voulu et su rester libres.*

(1) Les infirmières comprises. (Aussi belles dans une frise que les vierges du Parthénon.)

(2) Dans le *Mercure de France* (16 août), M. Jean de Gourmont souligne, de sa vive approbation, le projet de Willette :

« Oui, il faudrait que tous les artistes participent à l'ornementation de ce temple : des peintres, des *les infamies des Allemands, dont lecture serait faite, à haute voix, les jours anniversaires.*

Le groupe de sculpture qui surmonterait l'autel de la Patrie serait une Mater dolorosa !

Avec ses meilleures amitiés.

A. WILLETTE.

sculpteurs, des artisans du vitrail et de la tapisserie. Ce serait le temple de la fièvre et du souvenir. Quelle occasion de demander à Rodin, non pas seulement quelques groupes de marbre, quelques merveilleux symboles de la Douleur, mais le plan général de ce temple, et de grouper autour de lui, sous sa direction, une pléiade de vrais artisans. Si c'est le sentiment qui crée les œuvres de génie, quel artiste ne se sentira pas soulevé par une idée à la fois religieuse et esthétique?

« Et quoique Willette n'ait jamais songé à s'intituler peintre « militaire », nul mieux que lui ne saurait rendre l'émotion de cette épopée dont il parle. »

Le Projet d'Edmond Rostand

(L'illustre poète de *Cyrano*, de l'*Aiglon*, de *Chantecler*, fait siens, d'un coup, tous les projets à la « gloire des combattants morts pour la Patrie ». Nul ne lira sans émotion cette page largement inspirée, l'une des plus nobles, des plus dignes du génie et du cœur de l'écrivain et de l'homme qui a porté si haut la gloire des lettres françaises.)

Je pense comme vous, Ajalbert, et qu'aucun de ces noms ne doit être oublié. Est-ce possible, quand ils sont innombrables ? Oui, à la condition de les disperser, et de n'en vouloir mettre que quelques-uns dans la mémoire de chaque Français. Pas de listes longues, dont on ne lit bientôt que les premières lignes. Mais de courtes strophes de noms, qu'on embrasse d'un coup d'œil et qu'on retient d'un serrement de cœur. Au temple, qu'on ne visite que solennellement, je préfère un laurier tellement effeuillé que chacun en puisse garder quelques feuilles à l'usage de sa religion quotidienne. Un petit groupe de noms, précédé de cette formule : « Sont morts pour nous »... Voilà ce qui devrait frapper nos yeux à chaque instant. Qui donc a jamais connu les trois cent quatre-vingt-quatre noms inscrits sur l'Arc de Triomphe ? Nous ne voulons plus d'interminables nomenclatures gravées hors de la vue, et jeter notre gloire aux hirondelles. Morcelons notre Arc de Triomphe pour que ses fragments répandus puissent être épelés dans l'humble habitude de la vie. Trois mots qu'on lit chaque jour en passant, on les sait forcément par cœur.. Et c'est cela qu'il faut : que chaque Français sache à jamais par cœur quelques noms, adopte machinalement quelques mémoires. Il faut que le plus obscur soldat sache, en tombant, qu'il aura son nom sur la muraille, à un endroit net et détaché, où les yeux pensifs le chercheront, d'où le recevront les yeux distraits. De cette manière, tous les morts sont sûrs de vivre ; puisqu'on ne meurt que lorsque le nom s'efface ; et tous les vivants sont sûrs d'être animés par quelques morts, car toute l'âme est dans le nom, et lorsqu'on dit Psyché, le papillon est là.

Pour moi, ce que je préférerais — j'y ai sou-
vent songé — c'est qu'on gravât les noms des
héros morts sur toutes les maisons où ils vécu-
rent. Ce serait la façon la plus logique et la plus
simple de briser, sur toute la surface du sol,
l'immense litanie en brefs « Souvenez-vous ».
Nos maisons, qui sont signées par ceux qui les
ont construites, seraient ainsi contresignées par
ceux qui ont empêché qu'elles ne fussent
détruites. Et l'architecte chercherait avec amour
une place pour le nom du sauveur. Alors de
médiocres plâtres rayonneraient : et dénués d'ins-
criptions, des marbres seraient moins fiers.

Certes, on pourra aussi graver le nom sur la
paroi de l'atelier où fréquentait le héros, du
bureau où il allait écrire, sur la barrière du
champ qu'il labourait, sur une dalle du jardin
qu'il faisait fleurir. Mais la maison, la maison
d'abord ! Qu'il brille au fronton de la porte ou
sur la pierre du seuil, le nom de l'habitant qui
s'est fait tuer pour qu'on puisse continuer de
sortir et d'entrer ! Et chaque fois qu'on sortira
ou qu'on entrera, pour le bonheur ou pour le
travail, on lira le nom d'un de ceux grâce aux-
quels on peut encore travailler ou être heureux.

Et s'il en est, de ces héros, qui soient nés à la belle étoile, et qui, n'ayant jamais dormi sous un toit, se soient fait tuer pour défendre le toit des autres, que les noms de ceux-là soient imprimés sur la face des plus magnifiques demeures !

« SONT MORTS POUR NOUS »... Et que la muraille, en chantant la gloire, se fasse pardonner par le soleil d'avoir hurlé la publicité. Il n'y aura plus de rue qui ne mêle à ses passants des fantômes obstinés. Nous ne pourrons revivre qu'après avoir organisé cette obsession. Nous n'avons plus droit qu'à une vie bourrelée de reconnaissance.

Tel est mon sentiment, Ajalbert. Et si glorieuse que soit la Malmaison, je sais de quel nom s'enorgueillira une de ses pierres.

Edmond ROSTAND.

CONCLUSION

Comme je m'en suis expliqué, au préambule de cette enquête, j'avais abordé la question tout à fait au hasard de la chronique, sans aucun parti pris. Les lettres réunies ici ont apporté au débat une contribution lumineuse, où j'ai éclairé mon jugement définitif. Chaque lecteur aura fait de même. Je souhaite que nous nous rencontrions les plus nombreux sur le projet auquel je me rallie.

C'est celui d'Edmond Rostand, qui n'empêche pas, d'ailleurs, les manifestations parallèles. La glorification individuelle par le nom sur la maison ne s'oppose pas au memento d'ensemble, à la liste de marbre de l'Hôtel de Ville, ou bien à l'inscription sur l'édifice local le mieux approprié, en attendant les monuments du talent et du génie. Par une commémoration immédiate, la proposition de Rostand permet d'attendre, de refouler les improvisations et les commandes hâtives, où l'intérêt des exécutants passe avant le souci d'honorer les morts.

Quoique les noms les plus divers aient été appelés à cette consultation, tout n'a pas été dit, sans doute, et mille autres avis précieux pourraient être provoqués. Directeur de journal, j'aimerais donner la parole à tant d'excellents Français qui ont quelque chose à dire. La presse leur est à peu près fermée. Il suffit, d'ailleurs, que telle idée émane d'un journal pour qu'elle soit ignorée des autres. Une presse alliée, une presse d'union serait maîtresse de l'opinion. Il n'y a que concurrence commerciale et rivalités de personnes. On ne s'entend que sur l'article de la publicité pour jeter quelque poudre aux yeux et à l'estomac du public.

Le projet d'Edmond Rostand, donc, domine par son ampleur et sa facilité ; mais que d'autres vœux à retenir : la pyramide de Jacques Blanche, le temple, la *Mater Dolorosa*, de Willette, le *Jardin funèbre pour les Disparus*, d'Herriot, le *15 juillet* de Coolus, le *Cloître jardin* de Paul Gaultier, etc.

Pour moi, je n'ai rien voulu de plus que constituer le dossier initial de la cause, que je laisse à de plus puissants le soin de plaider. Je n'ai fait qu'user du droit de tout citoyen d'interrompre les prescriptions qui étaient en train de s'établir au bénéfice de diverses entreprises malencontreuses.

J'ai cru devoir pousser un cri d'avertissement pour ceux qui, moins renseignés, estiment que ce sont là préoccupations d'après guerre.

Or, il n'est que temps d'agir.

Et c'est la raison qui m'a déterminé à cette démarche, quelque délicat et douloureux qu'il fût pour moi d'intervenir. J'ai pensé aux Autres et à la France — et non pas aux miens.

A l'achèvement de cette brochure, j'apprends qu'une tombe, vers où tendaient tous mes regards depuis dix-huit mois, avec l'espoir d'y aller un jour jeter une fleur, est menacée de disparaître; le bombardement fait rage sur le cimetière étranglé dans les tranchées. Les obus vont déchirer les morts — dans la Mort. Le cœur saturé d'horreur, ceux qui savent ce que c'est comprendront que je sois peut-être indifférent à quelques lettres creusées dans la façade d'un mur...

Jean AJALBERT.

TABLE DES MATIÈRES

Pages.

AURILLAC. — IMPRIMERIE MODERNE.